U0057823

AQUARIUS

AQUARIUS

AQUARIUS

AQUARIUS

Vision

一些人物，
一些視野，
一些觀點，
與一個全新的遠景！

洗車人家

姜泰宇（敷米漿）

【推薦文】

擺渡人

◎洛心

人跟人的緣分究竟是強求，還是註定？我跟泰宇常常會討論這件事情。

我跟「泰宇」認識得晚，卻跟「敷米漿」認識得很早。那是在某一天的晚上，我跟著某作家朋友前往當時她所屬的出版社參觀，在同時，就在那樣的一個某週間的某時段，敷米漿剛好就在那間出版社的會議室。

我一眼認出他，畢竟當時他的書已經擺滿了各大書局，那張臉稍微有閱讀網路文學的人，都很難不認識。那晚我跟出版社要了一本他的書，請他簽名。那是我們第一次見面——就那一個無聊週間的晚上，隨意的時段，我們都出現在那間出版社。

如果說寫作曾經救贖過我的靈魂；寫作也替我之後的人生書寫了最精彩的章節，因為我因此認識了泰宇，即使後來的我們很少聯繫。

我在加拿大過我的北國生活，他在台灣過他的島嶼日子。當年因為書寫河流激出些浪花，在浪花消失之前，我們也就在河流分岔處各自轉彎，而這一別便是十餘年。

再次見面，他變成了洗車店老闆（後來才知道更多時候他只是個洗車店的勞動者）。

我從北國回到台灣，看著他經營勞動服務，我看著他從作家變成了蹲下洗輪圈的人。夏天很熱、冬天很冷，不舒服的環境，第一線面對各式各樣的人。在那個我無法想像自己能生活下去的世界，他就這樣蹲下，洗輪圈，日復一日。

我不知道該如何形容眼前的男人，已經從男孩變成男人的泰宇。他對文字還有許多夢想，他的手指發熱還能在鍵盤上燙出最炙熱的記號——但是他將對文學的喜好埋在洗車泡沫、拋光劑底下，他（被）收起了曾經的光芒，當個洗車的人。就如他所說，他以為他是個臥底的，但久了，這「歧途」，經過十年，變成了唯一一途了。

泰宇花了很多時間，不去看自己成了洗車人家這件事情。這幾年，花了更多時間，去整合洗車人家與泰宇作家的身分。他很少跟我提洗車的事情，一開始甚至不願意我去看到他洗車的樣子。他說那不是他原本想像的，也不會是我喜愛的。生意很不好的時候，一切都似乎要走到盡頭時，他曾經很難過很痛恨自己走入的歧途。我記得他在很忙很累回到家裡時，還會不願意（甚至到了現在也還是）坐在我身旁，只怕身上的汗臭味會壞了我對他的想像。

他說那不是他原本該給我的樣子。

他是那麼有包袱，那麼有顧忌，卻又那麼努力。很多很多年前，在出版社相識的敷米漿；很多很多年以後現在洗車的，手指髒髒的泰宇。

人生好像就是會把你拆成自己都認不得的樣子。

但是我認得你，一直認得你。

很慶幸，泰宇找回了寫作的自信，將這幾年來來去去的人事物，擷取了他最喜愛的、不堪的、想說的、不願意說的片段，寫成了《洗車人家》。這些故事不是聽說，不是觀察，也並非田調，而是他的人生。

他說他的人生弄髒了，不知道什麼時候開始洗不乾淨了。

我說沒關係，川流的洗車水是條河，你是個擺渡人，而這些來來去去的，都是上了彼岸的人，不論是顧客，還是員工。十年來擺渡的人多了，泰宇甚至在新進員工進來七天半個月內，都不願意去與他們交談。一開始以為他只是懶，後來他跟我說，是怕傷心。這就是他藏起來的作家浪漫與纖細，隱匿在粗獷洗車工的外表裡。

放了感情，離開的時候會難過。他這樣說。偏偏這一行，離開的人可多了。

人跟人的緣分究竟是強求，還是註定？後來我們決定，是註定的。

就像你註定要寫小說，註定要離開，也註定要再回來。

就像你註定要在這裡停靠，讓我上船。我沒有要去彼岸，我只想跟你在這條船上，搖搖晃晃。川水乾淨也好，髒汙也罷，若你註定要當擺渡人，搖晃送別那些人生，那我就註定要當擺渡人之妻。從此，哪裡都不去，讓我留在你身邊，我們一起洗滌，寫字，過日子。

如果這是歧途，或許，註定是我們相遇的路途。

序言

這些年來被我刻意忽略在某個陰暗、潮濕的房間裡頭，不願意去觸碰的故事，始終沒有停止在那房間裡頭吶喊。從很小很小的時候，媽媽一直教導我，用很粗俗的話讓我深刻記住，「自己屁股有幾根毛不要翻出來給人家看」。

有時候坐在洗車場的休息室沙發上，突然回頭看去，看到的不是白色的、有點髒的牆面，而是那個漂流在這個人生的池塘的自己。開這個洗車場之前，一個小年夜的午後，我在家門口拿著海綿自己動手洗車，又冷又濕。當時我告訴自己，幹嘛不給別人洗就好了？幾年之後的元旦那天，或許前一晚跨年所有員工玩得太瘋，只有我一個人上班。我洗著一台Audi A4的輪框，一樣寒流來襲，氣溫五度，我的手都冒煙了。

外頭是洗車風槍「嗚嗚」的刺耳嗡鳴，我轉回頭，發現自己還困在這個休息室裡面，一樣的陰冷潮濕，充滿了噪音。這幾年我親自踏進這個地方，每一塊拼圖都是我親手建構出來的，一個自己弄出來困住自己的城堡。從踏入社會之後，一直都充滿了鎂光燈，身處何地自我介紹都會讓人稱讚的自己，到一個社會低層的勞工，總是會有一些人、一些事纏繞在身邊。

忘了介紹自己，我曾經是一個作家，一個出了第一本書就賣過十萬本的作家。一個可以到中國很多城市宣傳，上很多節目，到處演講，還拍過廣告的作家。一個參加書店活動，老闆會過來跟我握手的作家。一個誠品旗艦店開幕的時候，去幫忙拍宣傳照刊登《壹週刊》的作家。

現在，我的客人不會跟我握手，最多只會點頭跟我說謝謝，因為我的手很髒，剛剛摸過輪胎油，下班前得用黑手粉用力搓洗才可以讓指甲縫乾淨一點的洗車工。我不是從一個洗車工出身，寫下一點東西變成作家。我是從作家變成洗車工，於是可以看見很多人們看不到的事情，發生在我們社會上。

那是用揣測、用田野調查都無法感同身受的身分差異，以及這個社會的諸多無奈。我可以看見很多人，那些對大多數人而言，只有一面之緣的幫你處理車子的施工人員，我相信人們不會輕易為難他們，也會客氣有禮貌。僅止於此，禮貌，但沒有交集。接觸不過短短幾分鐘，而我與他們生活在一起，那不是用同理心就可以理解的世界。

就這樣慢慢地趴低、趴低，一直到十年了，我幾乎都要忘了自己是作家了，我才想著是不是該把這些事情、這些人的故事說出來。當作家的時候我知道這個世界有很多汙穢骯髒以及無奈，但是我走不進去，也沒能走進去。事實上，也沒有人真的願意走進去。後來我在這些地方打滾，髒汙抹在臉上的時候，我發現已經擦不掉了，擦不掉那些汙穢的、緊緊黏附在你指甲縫的汙垢，怎麼用黑手粉都洗不乾淨的無奈。

有一天我回過頭，發現自己已經無法看到過去那個自己的時候，我知道時候到了。我看見很紅的綜藝節目主持人，大聲地說著自己挑選男朋友的條件，手指甲一定要乾淨，鞋子也要乾淨才能顯得出品味。那一天我看著我的同事們，笑了。

當時其中一個員工叫做阿龍，從花蓮過來台北，領有殘障手冊，腳上穿著乾媽買給他、鞋底破了一個小洞的鞋子，跟我預支薪水想買一雙不會濕的鞋子。但是你們知道嗎？不會濕的鞋子就不透氣，不透氣腳就會悶著，很臭而且會發霉。

我以前覺得那樣的鞋子不是人類應該穿的，就不應該發明出來，現在我知道，這種發明很有必要，因為阿龍很需要。因為我們很需要，而其他人不知道，這樣的鞋子對我來說，最有品味，因為那讓阿龍可以賺起自己的生活費，可以不必只靠補助過日子，會是一個有用的人。如同一雙不會濕的鞋。

「老闆，我想當一個有用的人。」這是阿龍親口跟我說的。

後來阿龍離職了，突然地。因為我幫他保了勞健保，而帶他從花蓮過來台北的乾媽，不希望我這麼做，理由是會影響他的殘障津貼。我查過所有資料，不會的、不會影響的，但他還是突然就消失了。唯一留下的是某天早上我到公司準備打開很老舊的鐵捲門，除了刺耳尖銳的開門「吱嘎」聲之外，還有一個塑膠袋，裡面放了我給他的制服，洗過，不是很香但是洗過，整整齊齊放在袋子裡，躺在我的鐵門旁邊。

我再也沒看見阿龍。

我很抱歉沒有跟他說，他已經是一個有用的人。所以我想把這些故事說出來，有些是對自己說，有些想告訴所有人。也許太久沒有好好寫作，一句話我必須翻來覆去來來回回修飾好多次才會通順，但我還是想寫，把這些年的事情，這些年的無奈苦痛以及憋屈都寫出來。媽媽說，不要翻出來給人家看。

給我最後一次機會，我希望你們能夠看見這些人、這些事。底層的聲音以及一切值得被看見，我走到這裡，希望能用文字替我自己，也替他們說說事兒。那些都在你我身邊發生的故事。

目錄

輯二　洗車這回事

以前寫文章兩個小時就可以賺入幾千塊，
現在把手弄得那麼髒，就為了扣掉成本只賺那一點屁錢？

輯三　堅持的這條線

我知道，總是會有值得的人等著我，讓我用盡全力去拚搏。
這一切，都會有意義。

開始洗車之前

「感覺就像臥底一樣。」我說。
「感覺像臥底？」我問自己，在很多個晚上。

當一個人很不專心地做著自己的事，
而他又望著你的話，他就是臥底。——《無間道》

我是。
我知道我是，好像很專心地拋開了一切享受洗車人生，卻在很多個努力把指甲縫弄得黑黑的那一瞬間，我很不專心地做著這件事，然後回望過去的自己。
赤裸裸地。
衣不蔽體。
那就是我。

輯一 蹲著的人

我們都是那個蹲著的人。
或者說，誰也沒有在這個世界站著過。

一號仔

一號仔拚命拍胸脯保證，絕對不再碰藥，希望我多給他一點時間，他會努力讓自己走回正軌。

可惜，一號仔還是走回了老路……

入圍台北文學獎之後，被《文訊》雜誌邀請至紀州庵辦了一場很有意義的座談，與另外兩位入圍的作家一同發表感想，分享寫作的路途。當天我穿得休閒，不是不願意盛裝出席，而是出發之前，我仍舊在洗車。

回家的路上我在便利商店停了一會兒，透過玻璃的反射覺得眼前的自己早已不是作家，沒有文人氣，好像寒冬中著衣渡河，起身之後全身結冰硬邦邦的，再也脫不去這工人的外衣。

當天分享的內容大致是身為一個洗車工的快樂與哀愁，有趣的地方的確讓現場多了一些笑聲，而我若無其事地說著洗車工的苦與痛，與會的朋友眼中似乎多了一點東西，我讀不出來是同情或是認可，抑或是無感。

「我僱用了一個更生人。」

那天我跟大家說，現場安靜了下來。因為加重搶奪罪入獄，剛出獄不到一個月。會場一陣靜默，等待我繼續說下去。

那天沒有說完的故事，現在可以好好說一說了。

「一號仔」是很認真的人，與我同年，父親是我的老主顧，一個很謙沖的長輩。後來因為一號仔的事，才得知劉大哥年輕時候也是往來警局與監獄，我有些意外，又有些不意外。當時劉大哥得知我農曆年後缺人手，有點侷促地私底下告訴店長，他的兒子剛出獄，想找工作習得一技之長，並且千拜託萬拜託，不要因為他的面子就錄用，畢竟他是更生人，怕我們心裡有顧忌。面試完確定可以的話，再給他一個機會。

「我爸爸叫我來面試的。」一號仔說爸爸的口氣，是「把拔」。國小三年級之後，我大概就沒這麼稱呼過我父親，不管人前人後。事實上一號仔私底下喜歡說國語，不是台語。對於在社會上走闖的這類「兄弟型」的人物，除了外省掛的以外，地方角頭大部分都是台語為主，這種既定印象存在著，我也不好因為各種政治正確的因素避開不提。從談吐上來說，除了說話有點慢，很謹慎，其他沒有什麼不妥。

一號仔皮膚黝黑，坐在客戶休息室很拘謹，兩手平放在大腿上膝蓋後端，如同當兵「肅坐」一般。好像在海上的孤島。我當時是這麼看他的。削瘦的體型，頭髮短而蓬鬆自然捲，臉頰凹陷，眼神有些空洞。這些年來不乏有些領殘障手冊的朋友來面試，恕我直言，當時我以為一號仔是不是也是其中之一，畢竟他有著流浪狗的眼神，總是不聚焦在眼前。或者是遠方，或者是過去。我不知道，也沒問過。

當時店內只剩下我與店長兩人，沒有其他同事，我倆經常需要孤軍奮戰，急需戰友。年後一個做了很多年的員工要大學畢業了，準備考試要離職，另外一個員工則是結婚要搬家，同時兩個人離開造成人力很大的缺口。偏偏我又是全台少數堅持要週休二日的汽車美容店，固定週一公休，另外一天只要有人排休，店裡就剩下一個人單幹，不僅效率很差、疲勞度大增，給客人感覺也會稍差。一家店總是只有一個人在做事，沒有規模，對於客戶信心度會大減。

在疲憊感疊加的狀況下，我與店長都希望暫時緩口氣，有個人手來幫忙，至少放假可以正常一些。店長跟了我六年，面試一般都是他負責，於是我拿了面試履歷表讓他填寫，歪歪扭扭的字，很像夏天柏油路被晒得讓景色都跳起舞那樣。

一號仔來面試那天恰好是農曆十六，店長拜完土地公回來，在休息室內與一號仔聊了一下，我在外頭等待。結束之後，我看著穿著POLO衫、鬼洗牛仔褲的一號仔慢慢走出店裡，腳跟在地板上拖啊拖的。「我不喜歡人走路在地上拖，太沒精神。」我說。店長點頭，通常這裡的同事如果這樣走路都會被店長訓誡。一開始是因為我不喜歡，後來則是店長也覺得這樣走路不好，沒精神又影響店內形象。店長拚命抓著腦袋，告訴我一號仔是劉大哥的兒子，關了五年剛出來。

「關了五年，什麼罪？你覺得要用嗎？」我皺著眉。

「人家都說要給更生人機會，可是如果出了什麼事，我們好像也沒辦法解決。面試談起來又覺得一切很正常，應該真的想改過自新，這種的通常比較任勞任怨，適合我們這種工作。怎麼抉擇，難啊！」店長嘆氣，我也跟著嘆氣。

我們決定給一號仔一個機會，在很多次的討論之後。

一號仔正式報到第一天，穿著過大的ＸＸＬ號制服，駝背的他看起來鬆鬆垮垮的，像衣架吊著晾晒的衣服。中午休息時間，跟我說了一聲去買飯，超過半個小時沒有回來。我看著店長不說話，店長看著我，搖頭。中午就落跑的員工多了，第一天跑走的機率最高，因為很累，因為不適應。就在我們都覺得即將失去一個剛剛得到的員工時，一號仔回來了。

「去哪裡了？」我口氣溫和不帶情緒。

好多年了，我學會把他們的離開當成正常，把回來當成恩賜。

「老闆，我去前面吃飯。」一號仔微微低頭，避開我的視線。

一號仔每次說話之前都會停頓一下，那段時間不會很長，或許只有不到零點幾秒，甚至只是一瞬間。

「下次吃飯時間買回來吃，盡量不要穿著制服在外頭吃飯。」

我用此生能夠達到最平靜的語氣跟他說。

「是的老闆。」

當下不要說太多，也不要長篇大論，是我這幾年來的心得。過去經常喜歡扮演萬能的導師角色，遇到事情心頭憋不住，總是喋喋不休。後來我學會了做人跟寫作一樣，適當地留下一些空白是好的，是安全的。這些年走錯的路多了，遺憾多了便也不重了，就是再遇見的時候，希望曾經的自己不是扮演著全知的角度去看眾生。

一號仔做事很主動，基本上新進員工很多時候必須負擔著早上與下班的清潔任務，一號仔做事挺仔細，很怕停下來沒事做會被責罵，往往需要我吩咐他休息，才敢在休息室點起一根菸。如同電影《刺激一九九五》一樣，上廁所都會跑到我的眼前，非常嚴肅地對著我說，老闆，我想去上廁所。

「一號仔，想上廁所直接去沒關係，太累了想休息一下也沒關係，不必那麼緊張。」我總是笑著對他說，然後覺得自己似乎幹了什麼好事，很滿足。一號仔聽到了，總是尷尬地微笑，然後拖著腳跟去洗手間。

有那麼一秒，我真期待他會像我在紀州庵說的那樣，安定踏實地做著這份工作，薪水雖然不高，但也一定養活得了自己，不會一事無成，甚至還能有一點儲蓄。然後我想起了阿龍。

阿龍因為反應比較慢，偶爾忙起來在店裡幫不上忙，師仔跟喇叭就會讓他去拖地。拖地這個工作在阿龍手上玩得像少林寺的掃地僧，總是看他咬緊牙關，來回一次又一次地拖。因為洗車場地板經常是水，為了給客人良好的體驗，我習慣讓車子一走就拖地，不管接下來會否還有車子進來，地板會不會又濕了。

很多人拖地都習慣只把濕的地方拖乾，阿龍也是。店裡的要求是每個地方都要橫向拖，把地板分成左右兩個部分，來回拖乾淨之後換另外一邊，拖把太濕要先轉乾，然後繼續拖。拖完之後地板未乾的水痕很整齊，看起來就舒服。阿龍不是很靈巧，往往一整個下午都在拖地，拖不好，師仔會讓他繼續拖。有一天傍晚下班前，阿龍跑到我面前，欲言又止的樣子，很像現在的一號仔。

「老闆，拖把要多少錢？」他問我，聲音有點顫抖。

「怎麼了嗎，問這個幹嘛？」我好奇。

「我把拖把弄斷了，師仔跟我說很貴，要從我的薪水扣。」

我回頭看向師仔，喇叭在旁邊搶著說道：「上次被念兩句，洗車跑黏土超用力，把鍍膜的撥水都搞壞了。今天洗一台車洗了一個多小時，被師仔講兩句就生氣，把拖把拖壞掉。你是抓奶龍爪手喔！」

「拖把一支要五千塊啦，從你薪水裡面扣。」師仔說。

等買新的拖把再說吧。我拍拍阿龍，讓他放心。

那時候我很不喜歡師仔他們兩個對待阿龍的方式，阿龍反應天生比較慢，稍微提醒兩句就會咬著牙很用力做事，我總希望多給他一點時間，而不是像這樣近乎霸凌的方式對待他。我認為這才是公平，我甚至跟喇叭說過，就算我店關了，只要阿龍還在，還想要有一份工作自食其力，我也願意讓他到我家裡打掃或者收拾東西，每個月一樣給他薪水。

很久以後我才發現，或者我才是錯的。他們並沒有霸凌阿龍，而是用一個與我們一樣的眼光看待他，要求他，真正瞧不起阿龍的是我。而我那鄉愿地想讓阿龍永遠可以領我薪水的念頭，更是為了自己心裡的成就感，而不是真的做了什麼好事。善意的念頭經過錯誤的包裝就變成了施捨，我解救的不是阿龍，也不是眼前的一號仔，而是我自己。

為了解救自己，我做了太多錯誤的決定，好多年過去了，我終於不是那個噁心的人，也終於可以用正確的方法面對一號仔，或者其他員工。

有次閒聊，一號仔問我，高中生補英文要多少錢，我才知道他有一個孩子，上了板橋高中，雖然很少碰面，之前他蹲在「裡面」，孩子也沒有來看過他，說是媽媽不讓去。知道孩子考大學需要補習，所以來問我。

「其實是我前妻一直跟我要錢啦。」一號仔說，拚命搖頭。

「這幾年就都在監獄進進出出，也沒顧到他們，知道我出來了就跟我要錢，沒法度。」所以一號仔喝酒，茫了之後就不會有那麼多煩惱。

我拍拍他的肩膀：「重新開始需要時間，急不來，看怎麼跟你前妻溝通。」

「怎麼溝通？我也怪不了她，蹲在『裡面』的時候，她也沒來看過我一次，只有我爸跟我姊偶爾會來，幫我加點菜。老闆你知道嗎？在裡面什麼都要花錢，抽菸也要錢，還要我爸給我，有時候在裡面無奈，急了，只能念念佛經，寫書法，什麼都沒辦法做。一出來就什麼都要錢……」一號仔說著，重重嘆了一口氣。

我有點擔心為了錢，一號仔會走回老路。老路來錢很快，但不是正途，一個不小心又要進去蹲，勸了一號仔好一下子才讓他靜下來，不要想太多。所有的眼前風景，都是因為之前走的路決定的，沒辦法重新走一次，但願日後的路可以踏實，可以慢慢走回安定的路。那天之後，一號仔明顯有心事，偶爾上班的時候，會有淡淡的酒味。那時候我總想起王小波在《黃金時代》裡面說的：「當我沿著一條路走下去的時候，心裡總想著另一條路上的事。」

「老闆，對不起，有時候很煩不知道怎麼辦，只能喝點啤酒，絕對不會影響工作。你對我真的很好，我也知道現在要重新開始，請你相信我。」跟他詢問身上酒味的事情，一號仔抓著頭跟我解釋。我寧願選擇相信，也不要在他徬徨時候強制，所以並沒有讓他不准上班前喝酒。皮球拍了都會反彈，何況是人。

店長對於一號仔上班前會喝酒有點不諒解，但看在工作確實沒有影響的狀況，我們也睜一隻眼閉一隻眼。一號仔真的很瘦，像小時候我家巷口的「酒空」那樣，喝酒喝到瘦得不得了。

有一天我忍不住了，問一號仔。

「你一天究竟喝多少？」我裝作若無其事地問。

「晚上有時候就買一手回去喝，喝茫了就睡，這樣沒煩惱。」他苦笑著。

我搖頭：「這不是辦法，可能會影響了工作。而且沒吃東西只喝酒影響了健康，到時候胃壞掉了，得不償失。」

「我沒辦法，我姊也跟我說不要這樣，老闆你知道嗎？我出來混的時候是靠我姊的，結果她現在好了，不混了，結婚生小孩了，要我跟她一樣。可是他們沒有碰藥，碰了藥，就沒有那麼容易，我不喝酒麻痺一下自己，還能怎麼辦？」

「所以你有用藥？K仔？」我瞪大了眼睛。

「一號仔。所以才會很難改，才會需要酒精麻痺自己，不然太痛苦了。」

一號仔是一級毒品，算是粗製的海洛因。與我們比較熟悉的四號仔不同，一號仔沒那麼高級，所以好取得，價格也沒那麼高不可攀。與四號仔走水路（注射）不同，一號仔通常是像安仔（安非他命）一樣用吸的，碰上了，一樣很難停下來。這也是我之所以用「一號仔」來取代這個人的名字的緣故。

一號仔拚命拍胸脯跟我保證，現在絕對沒有碰藥，希望我多給他一點時間，他會努力讓自己走回正軌。

「不要告訴我爸爸。」他說。

我點頭，這是男人之間的約定，我沒說。一號仔一直要我相信他，我信了。同時也希望自己可以被信任。

一號仔來了以後，我們又可以正常排休。有時候是我跟一號仔上班，有時候是我跟店長上班。有時候是他們兩個上班。某一個週日我排休，週一又公休，等於連放兩天。

到了週二，一號仔沒來上班。店長眉頭深鎖，電話也打了，就是沒人接。「那天他跟我說，以前的朋友出了一點兒事情，要去板橋處理，所以我就讓他提早下班，下著大雨，說要跟朋友借機車過去。」店長跟我說。

還沒聯絡到一號仔，週日當天的一個客人電話來了，店長講完電話臉色就像吃壞了幾天肚子一樣，深深吸了一口氣。

「那個阿伯的車上放了五萬塊，說要付給原廠的修理費，回家之後找不到。」

「在我們這邊弄丟的？」我的心臟像被插花用的針山狠狠砸了一趟一樣。

「我看了監視器，一號仔一邊清內裝，一邊抬頭好像看我在哪裡一樣，動作非常不自然。」店長說。

我深呼吸了一口，希望把所有空氣都吸走一樣，跟著店長再去檢查一次監視器。畫面裡的一號仔，吸塵到一半詭異地探頭出車外，往後面張望像是在確認店長的位置，然後又鑽進車內，如此反覆多次。清潔內裝絕不會出現這樣的動作，但……

「這也無法證明一號仔把錢拿走了，對吧？」我說。

店長點頭。

「只要沒有真的錄到他拿走那包錢，就不可以算在他頭上。」

而一號仔，今天沒有來。所有的跡象都表明，他或者真的拿了那包錢跑了。

跑去哪裡？不知道。

是否去找以前用藥的朋友？不知道。

●

一號仔後來回電，說因為淋雨身體不舒服，隔天一定來上班。然而，隔天一早，他還是沒有出現。我傳了訊息給他，希望他身體無恙。中午左右他出現了，告訴我胃有點痛，身體還是有些不舒服。兩頰泛紅，眼睛布滿了血絲。真要說起來，重感冒的確也有這樣的徵狀，但在退藥的時候，也是。

我在心裡祈禱，一號仔夠堅強，沒有回去碰藥。中午我讓他吃了一點胃藥，以及日本買的感冒成藥，讓他先回家休息。我看著空蕩蕩的店，忙碌的時候嫌它太小，這個時候卻感覺大得過分了。

上班時間是早上八點半，那段時間我通常八點左右，在附近公園遛完狗就會到公司，一號仔幾乎都只比我晚個十分鐘就會到，等於提早二十分鐘上班。他沒有機車，每天走路上班，大概要走二十分鐘。到了公司，一號仔習慣先抽一根菸，然後開始打掃環境。然而從那之後，一號仔經常遲到，偶爾還會無故不到。他的父親劉大哥是我們的常客，經常開著公司裡的大小車子來美容，發現兒子沒有來上班，也是無奈搖頭，告訴我回家的時候，往往都沒看到一號仔，不知道又跑哪裡去了。

一天早上，劉大哥過來，我在休息室裡面，突然聽見大聲爭吵的聲音，趕緊出去，才發現劉大哥看到一號仔來上班，勃然大怒，要他滾回家，不准在這裡工作，讓他丟臉。我拉著劉大哥進休息室，揮手示意店長讓一號仔繼續工作，幫劉大哥點了一根菸。

「叔仔，不管怎麼樣，我們最終的目的就是讓一號仔回歸正軌。我知道你一定很生氣，如果是我，我也會生氣。但我坦白跟你說，身為老闆，我真的不在意，只要一號仔可以回頭。總比哪天你又接到警察電話，又必須進去蹲來得好，至少這裡我看著，隨時跟你報告，安心。」

劉大哥悶著抽菸，用力把菸屁股熄掉：「都怪我啦，一號仔小時候我就進去蹲，沒有給他好的教育，現在好了，跟我以前一樣。我拚命工作賺錢，他都不會看，不會想。之前沒上班關在房間裡面，我下班去踹門，看他那個樣子就是在退藥，實在吼……對你很失禮，真的歹勢。」

「不要這樣說，給我處理，不要罵他了。」

「你給我認真一點，聽到沒有。」劉大哥離開之前，對著一號仔說。

曾經聽人家說過，有兩種人說的話不能相信。一種是賭徒，另外一種，是吃藥的。面對一號仔，我沒這麼想過。後來跟他促膝長談。一號仔告訴我，他已經從店長那裡聽到客人掉錢的事，並且跟我保證，他絕對沒有拿那筆錢。

「店長有說是你拿的嗎？」我問。

「沒有，店長只是吩咐我要小心一點，有問題要跟他說。」

「那就對了。」我把打火機遞給一號仔，「沒有證據，絕對不會說是你，你放心，但是我真的希望你跟我保證沒吃藥，是真的。」

一號仔點頭。

有沒有真的覺得錢就是一號仔拿的？有，我老實說。監視器裡他的奇怪舉動讓我印象深刻，我以一個「正確」的態度面對這件事，面對一號仔。卻沒有在心裡「正確」起來，我只是假裝自己是那樣的人，那樣正直而正確的人。

隔天，一號仔就沒有出現了。

我不再如先前一樣傳訊息詢問他。那天輪到店長休息，我一早到公司前，先去便利商店買涼麵放冰箱，中午自己一個人，不方便出去買飯。店長跟了我太多年，有時候知道我一個人拚很吃力，放假還會偷跑回來幫忙。那一天，我在便利商店門口，看見了一號仔，坐在門口的機車上看手機。

看見我的時候一號仔明顯並不吃驚，我對他笑了笑，沒說什麼。

「老闆，我是來找你的。」他抓著頭。

「在這裡找我？怎麼不去店裡？」我笑著。

「我不好意思，還在想怎麼過去，結果就在這裡看到你。」他眼睛看著我手裡的涼麵，我保持禮貌而不尷尬的微笑。

「有什麼事嗎？」我拿著涼麵，日頭很豔。

「之前跟你預支的薪水，我會很快還給你。」他說。

「沒關係。」我點頭。

「我很對不起，希望你再給我一次機會。」

「不要緊，等你想清楚了再跟我說。我感覺你還沒想清楚，預支了薪水之後，人就消失了。先想好接下來應該怎麼做，我的店在那邊，不會跑。」

離開之前，我跟一號仔說了聲保重。

那天我記得很清楚，我一個人搞定了很多台車，沒有放音樂的店面顯得很安靜。施工步驟到這個時候，已經變成身體的慣性，該先做什麼、接著要做什麼甚至不必思考。腦袋想著的不是該怎麼處理一號仔，或者如何讓店裡趕緊找到人手，只是一片空。唯有這樣的空才能讓自己平靜下來，面對所有體力勞動帶來的疲憊。

後來，一號仔委託劉大哥將制服歸還。

我曾經有一個想法，希望在這個洗車工作的路途中，可以讓自己微薄的力量幫助一點點人，一點點事。這次明顯是落空了。我沒有跟劉大哥說預支薪水的事，一萬塊左右，當作幫忙一號仔重新振作。我希望他保重，也很遺憾，在紀州庵對著大家說，「我希望這本書寫完之後，這個更生人還在」的想法落空了。

有些事情果然不能說，說了就破了。我沒有後悔花費了這段時間，至少我嘗試過去幫助一個人，在我的能力範圍內。我明白，如果持續盲目地付出，只會讓一號仔食髓知味，從而不懂珍惜。我也明白，如果為了他影響到營業，對我的店長以及其他員工不公平。這種有點自私的想法相較過去的自命清高，雖然少了一點英雄式的內心歡呼，卻真實地讓我知道，這自私的「自」，不僅僅是我自己，而是我身邊值得捍衛、值得珍惜的一切。而我也不是當年遇到阿龍的那個我了，再也不是了。

雖然有一抹遺憾，自己在這個社會太渺小，力量微不足道，事到如今也只能放下，並且看向其他人，其他夥伴。這些年來來去去的人太多了，隨便算都超過一百個，每一個都要我用生命去交陪，我的心可能會被打碎得無法拼回來原貌。我只能用力地、深深地祝福一號仔，不要再進去蹲，此後踏實穩定。

●

店裡的音樂偶爾會播著茄子蛋的〈浪子回頭〉。一號仔跟我兩個人在店裡工作的時候，休息時間總會看到他窩在電腦前，自己試著在播放軟體上面找這首歌，然後一次、一次地播放。這首歌對他來說有獨特的魅力，我看著他削瘦的背影，不願開口求助、自己獨力找到這首歌，滿足地一邊聽著一邊工作的樣子，我真的希望一號仔可以回頭，看看身邊這一切。對抗藥必須要有意志力，我多麼希望一號仔有著像努力想找到如何播放〈浪子回頭〉以及〈浪流連〉的時候，那種程度的意志力，就可以對抗他對於藥的誘惑以及依賴。

他曾經告訴我，搶劫完他躲到桃園的一個套房去。有一天跟兩個同夥的阿兄一起出門買日常用品，一號仔還扛著一條棉被。走進社區，突然聽見一個人叫自己的名字：「一號仔！」他下意識回了一句：「安怎？」埋伏的警察確定了是他們，於是圍了上來。

聽到這，我問一號仔，那時候你沒想要跑嗎？

「還能跑去哪裡？搶沒多少錢，再跑就要餓死了。」他說。

「老闆你知道嗎？那時候我家裡也沒人要理我，律師是去公所找不用錢的那種。還好我遇到的真的是很好的律師，搶劫罪很重，律師告訴我，要我堅持當時手裡沒有拿武器。其實我拿了一塊木頭，但是真的沒從那個人身上打下去。另外兩個阿兄都要關十五年以上，我關五年，真的很好了。」

五年、十五年。原來這個世界上有一種比較的公式，是往灰塵比較少的地方坐下，就是幸福。

一號仔跟我說，出來之後有一次回到板橋找以前的兄哥，兄哥就是大哥的意思。那個兄哥，後來出了事，身邊人都散了，也沒錢了，每天就是睡在公園，有事頭可以標，就加減賺一點，拿了錢就是買一罐米酒頭在公園喝，喝茫了就躺。我問一號仔，就算你只關五年，出來也想這樣嗎？

「老闆，你真的對我很好，我會努力不要讓你失望。」他說。

然而，一直到離開前，他走路還是習慣腳跟在地板拖著。

老闆還是有點失望，我誠實地說。雖然我始終跟一號仔說，你不會讓任何人失望，你只會讓自己失望，也只需要面對自己。我想，我這個老闆是長大了，不再認為自己失望與否是重要的事，當然更不想加諸在他人身上。

幾個月後，一號仔的父親依舊會開著公司的車過來美容，我也找到了新的、很不錯的年輕同事。漸漸因為歲月蹉跎俗事繁忙，幾乎要忘記一號仔這個人的時候，我接到了一通陌生來電。

「一號仔在嗎？」我一聽見這個陌生的、帶著江湖氣的口氣，腦裡的警戒聲就響起來。

「你打錯了，這裡沒這個人。」我說。

「你認識一號仔對吧？」對方沒有如同尋常打錯電話一樣道歉掛線。

「你打錯了。」我堅持，「有什麼事嗎？」

「你是不是他老闆？不然他怎麼會留你的電話？」

「你有什麼事情嗎？」

「他欠了我不少錢，想知道他在哪裡，有沒有在你那裡？」

沒有。在我的平行世界裡，一號仔繼續在這裡工作，隨著年資增加，薪資往上，終於有辦法存下一些錢，讓讀板橋高中的兒子可以安心補習。酒精的依賴慢慢變淡，在家裡可以照顧年邁的阿嬤，也可以讓即將退休的劉大哥輕鬆一些。

可惜。終究不是現實世界，一號仔似乎走回了老路。接到電話這件事，我告訴了劉大哥，看著他更加灰白的頭髮，有一種沉甸甸的感覺。劉大哥說，他把一號仔趕出去了，再這樣下去全家人都要被拖垮。我點頭，沒有多說什麼，陪著劉大哥抽完一根菸。

接了幾次這樣的電話之後，我終於忍不住，對著電話那頭大聲。

「你一直打給我，他欠你的錢也不會回來，不如想辦法找到他的人比較要緊，他早就不在我這裡做了，你打給我浪費時間，有比較好？我也很想找到他，他還欠我一萬，找到了他跟我說。」後來再也沒有電話打來。

或許另外哪一個平行世界的我，會跳出來幫一號仔解決這個問題。但這個世界的我不可能。我有我的生活我的世界，而我的能力僅止於給一號仔一個努力的地方，一段努力的時間。超過了，也就無能為力。

一號仔會成為這樣的自己，是因為劉大哥以及姊姊當年的身教，血液裡流淌著瘋狂的因子，還是真的身不由己呢？每次坐在休息室的椅子上看往門口，好像可以看見一號仔蹲在那裡，摸著我的狗狗。那時候我對他說：「一號仔，我在想如果我這本書寫完，裡面如果寫到你，真的浪子回頭，應該是個很好的故事，你覺得呢？」一號仔對我笑，一邊摸狗一邊笑了，可能不太懂我說些什麼。我拿起手機，拍下了當時的照片。也是唯一一張他的照片。

直到現在，我還是想回到紀州庵的那個下午，對著在場所有的朋友，深深一鞠躬。對不起，一號仔終於沒有留下來。

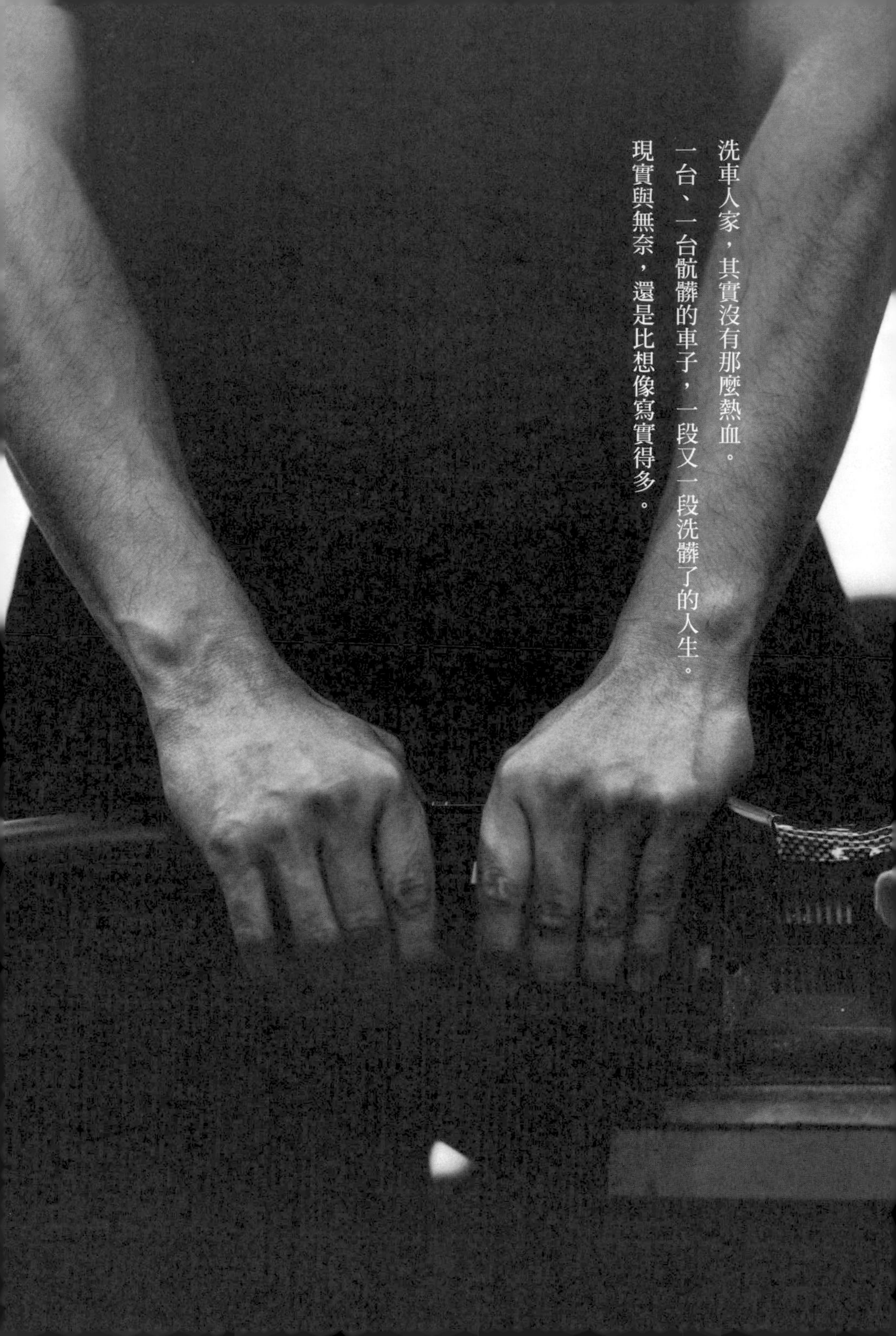

洗車人家，其實沒有那麼熱血。

一台、一台骯髒的車子，一段又一段洗髒了的人生。

現實與無奈，還是比想像寫實得多。

阿樂，你找到爸爸了嗎？

關於阿樂的這段記憶，雖然很想忘記，終究還是把它留下來了。我要時時刻刻提醒自己，不要成為那樣的人。不要成為那個懷疑所有人的自己。

最後一次聽到阿樂的聲音，其實是透過電話。那一天我放假，前一晚有點睡得遲了，一早還在迷糊的時候，接到了阿樂的電話。阿樂本名我忘記了，唯一留下來的，是現在店裡牆上還貼著的一張雜誌的內頁，那是第一次汽車雜誌來採訪，阿樂也在裡面，黑黑的，一臉稚嫩。

「老闆，我聽說我爸爸在台中，我想請假去台中找爸爸。」

阿樂長得像港星古天樂，瘦瘦高高的，戴著黑框眼鏡，鏡片好像玻璃杯一樣那麼厚。透過鏡片看他的臉，會分成兩個，鏡片外的臉比較大，鏡片裡面的比較小。我總希望看見鏡片裡面的他的那雙眼睛，但總只能看見鏡片外的他。阿樂做事雖然速度不快，也不太機伶，但優點是使命必達。所以對他下指令一定要夠清楚，否則他會弄不懂需要做到的程度，曾經就有過一個客人只是洗車，他卻把車子弄得跟做大美容一樣乾淨。

阿樂是小周，也就是師仔介紹過來的，那時候師仔還沒在我這裡工作。「那個年輕人很乖，只是以前被朋友騙，有進過少年監獄，還是要跟你說一下，他真的很乖，希望你給他一點機會。」小周跟我說。

有沒有進過少年監獄，一點問題也沒有，主要還是看人。我這樣跟小周說。但其實心裡還是有些忐忑。真的，這麼多年過去了，我才能很誠實地面對這樣的自己。

我們總覺得自己念了一點書，知道一些做人做事的道理，知道不可以帶著有色眼光看人，知道每個人都有改過自新的機會，但是真正面對現實層面，我很老實地說，我沒有那麼善良與偉大。很多時候只是扮演那樣的自己，心裡最深處有著異樣的防備以及琢磨，雖然沒有表現出來，但那真的存在。所幸我還能清楚自己這種保護自己的心態，而不是盲目到覺得自己什麼都是對的。什麼都是對的，其實就是錯的。

某次閒聊，阿樂說：「以前在台中的傳統汽車美容做，一天要洗六十台車，一個人負責一個部分，每天重複一樣的工作，那時候的老闆說，這樣速度才快。」

這聽起來就像以前學到的韋伯工業理論啊，這老闆真有程度。

「每天做一樣的事情，能學到技術嗎？」我問阿樂。

「不知道，就是一直重複。」他低下頭，靦腆。

「薪水高嗎？」我好奇。

「一個月一萬二，睡公司。」

遇到下雨天老闆就會趕他們回去，然後當天就不算薪水。這個行業普遍就是這樣，真正的看天吃飯。但是這種吃飯方式很醜陋，平常就算月薪，遇到天氣不好就算日薪，傳統洗車場的老闆就是一個賭博的時候博穩贏的，而這些找不到更好工作的年輕人就是這樣被剝削。

阿樂很乖，真的很乖，每天早上六點就要起床，搭兩班公車才能到我這裡。也因此偶爾會睡過頭，我也睜一隻眼閉一隻眼。有時候要加班工作，因為他的技術有限，往往會先讓他打卡下班，畢竟他住得有些遠。多半時候他會留下來，有時候幫忙拖地，有時候靜靜地在一旁看著我們施工，眼睛因為近視眼鏡的鏡片反射，我常常不知道他是不是真的在看我施工，還是在想著什麼，我總覺得，這個孩子有故事。

至於他為什麼曾經進過少年監獄，我一直以為是因為偷摩托車啦，或者一些小事。一直到有一天，他在休息室，那天只有我跟他兩個人，他抽著菸安靜地看著我，突然開口跟我說。

「賣毒品。」他說。

「賣毒品？」我大驚，「這個罪很重耶。」

「我是被騙的，可是不知道怎麼跟檢察官說。」

「所以你有吃藥嗎？」

阿樂搖頭。

從那天之後，只要阿樂在休息室待太久，我就會晃過去看他在做些什麼。有一回他肚子痛，在廁所蹲了比較久，我情急之下把門踹開，結果他乖乖地拿著他的爛手機，一邊打電動一邊拉肚子。

我以為他會躲起來吸毒。我以為。

踹門的當下其實我也沒想過，如果阿樂真的在裡面吸毒吃藥，我又將怎麼樣。將他擄走？還是報警處理？之所以會踹門主要還是員工休息室的廁所，那傳統的塑鋼門很輕盈，上頭喇叭鎖在更換之前甚至不需要踹，只要五塊錢硬幣就可以把鎖住的門打開。而踹門則更簡單，往喇叭鎖下面一踹就開，縫隙很大的。

我想那個時候我只是想如果阿樂真的走錯路了，我要拉他回來。至於怎麼拉，即使是現在我也不明白。畢竟現在的我不會去踹門。

我笑著跟他說，你長得像古天樂，也跟古天樂一樣有坐過牢。如果你努力一點，說不定可以跟他一樣，變成大明星，賺很多錢。阿樂聽我說完，笑得很白痴，憨憨的模樣現在回想起來，還是覺得很有趣。

阿樂後來應該沒有變成大明星，至少不常看電視的我，沒有印象有他那樣的藝人。有沒有賺很多錢我也不知道，但是我只知道，他的觀護人打電話給我的時候，我們兩個一致認為，阿樂是一個很樂觀、很認真的孩子。

他沒有媽媽，有一個爸爸不知道在哪裡，還有一個妹妹離家出走，也不知道在哪裡。家庭這兩個字不知道要幾個人才能算數，但我知道那時候的阿樂，家庭就是一個人。在他十七歲這樣的年紀。

那時候的我，剛在學習怎麼當一個老闆，或許是過往作家的身分，經常跑校園演講以及在文學營當老師，尤其大學時候還打工當過安親班老師，總是整天想要教導天下人的噁心樣子。

「老闆，我聽說我爸爸在台中，我想請假去台中找爸爸。」

現在的我，應該會鼓勵他趕快去，店裡的工作有我。我是怎麼變成現在這樣的人呢？以前我就不喜歡員工沒事請假，就算是小感冒我都覺得應該要有責任感，隨便請假就是不好。如今只要員工不舒服，我第一件事就讓他回家休息，如果有事情要處理，隨時可以請假。那時候不知道為何，我心裡就是生氣，生氣這年輕人沒有責任感，工作沒有完成整天就想請假。找爸爸很重要嗎？那不是丟下你不理你讓你自生自滅的爸爸嗎？

「你自己想清楚吧。工作沒有做完，整天就想往外面跑，而且你確定是真的要去台中找爸爸？還是你只是想出去玩？」

阿樂沒有回我話，在電話那頭沉默了好一下子，我不斷重複著要他好好想想，那端的他始終沒有聲音。

「謝謝老闆。」最後，他留下這四個字。

我總是在想，如果那時候我讓他請假，他會不會更安心地去找爸爸。這年頭員工請假理由光怪陸離，於是我也開始不信任他們的理由。我是本來就這樣不通情理，還是被這樣的現況改變了自己？這樣的自己，真的好嗎？

我不知道。

我希望阿樂找到他爸爸。我很抱歉當時竟然覺得，那個爸爸不夠格，所以根本不應該去找他。我不明白他們父子之間的情感，天真地用自己的價值觀，用旁觀者的立場去評價，我錯得離譜，卻沒辦法跟阿樂道歉。

有時候我會想起來，我唯一請阿樂吃東西的那個晚上，因為他留下來陪我加班，鐵捲門關了三分之二，我買了蝦仁煎給他吃。我吃完準備開始拋光的時候，阿樂還在吃著，速度很緩慢，對待蝦仁煎就像對待玻璃製品一般小心翼翼。他一邊吃一邊掉眼淚，問他原因什麼也不說。過了幾天，他過來跟我道謝。

「小時候我爸爸也會買蝦仁煎給我吃，我睡覺的時候他下班會把我叫醒，然後看我吃完，叫我去刷牙才能睡覺。」

他好像是這樣說的，我記不清楚了。

對於阿樂這段故事，我的印象開始有些模糊，前後順序不是很清晰。我想可能是對自己很失望，所以記憶擅自想刪除痕跡，但頑強的我還是把它留下來了，並且時時刻刻提醒自己，不要成為那樣的人，不要成為那個懷疑所有人的自己。

之後，我再也沒有吃過蝦仁煎。一次也沒有。至於阿樂，那通電話後，他再也沒出現過，連薪水也沒有來領，制服是託師仔拿給我的。我問師仔，阿樂人呢？師仔也不知道，制服是放在他家門口的。日後有幾次，特別是農曆年前最忙碌的時候，我習慣找一天讓同事們先回家睡覺，我則一個人留下來加班，關上鐵門，沒有音樂，安靜地頂著刺眼的美容燈拋著車子，我都會想著那個皮膚黑黑的、瘦瘦的青年，坐在我身旁不遠處雙手抱腿坐著，安靜地看著我拋光。

那時候想起他很痛苦，一邊拋著車子一邊苦惱，因為我一直想不起他叫什麼名字。阿樂是綽號，我只能回想起他名字裡面有一個「賢」字。好難得有機會相遇，最終只記得一個字，那算是怎麼樣的遺憾。

或許阿樂找到爸爸了，所以不需要這份工作了。又或許他從頭到尾都是騙我的，他又回去那些豬朋狗友那裡，開始賣藥了。我不知道想起阿樂，哪一個版本會讓我好過一點，但是回想到這裡，我很想再吃一次蝦仁煎。

讓阿樂坐在我身邊，雙手抱著膝蓋，一起慢慢吃。

阿樂，你找到爸爸了嗎？

小爸爸

高中剛畢業，女朋友就懷孕，我問阿智這是什麼感覺？
他只說，好像念書時老師要你去罰站，你就得乖乖去罰站，這樣。

我的第一批員工，是我開幕一個月後來報到的。介紹他們過來的，是我以前安親班的學生。當年我大學二年級打工的安親班學生，一轉眼已經十八歲高中畢業了。

阿智是其中一個，也是唯一告訴我，暑假過後還想繼續做的人。我對他的印象很不錯，是國術選手，經常參加比賽。第一次注意到他，是一次車子施工的時候，那車子的塑料件氧化得很嚴重，本來應該黑得發亮的塑料，已經完全發白。因為我的店屬於高檔的汽車美容，這方面也是要處理完美。

阿智聽到我的吩咐之後，很細心地把所有氧化的部分處理完美，藥劑完全沒有沾染到其他車漆。順帶一提，速度還很快。他在工作的時候有一種毫不莽撞的成熟，嚴格說來為了達成結果，沒有允許自己犯錯。

我就在旁邊看著，他一開始有些緊張，我沒表示些什麼，連揮手讓他自然一點都沒有，有一種惡作劇的姿態。事實上身為一個現場的技術人員，不可避免要在客人的視線下施工，有的人客人在旁邊就會緊張僵硬，要很久才會適應；有的人一邊做事，客人開口問東問西或者隨意聊天，動作就錯了、漏了，好像一個魚竿甩出去的時候鉤到了自己，本來客人是魚，這下子自己才變成了魚。阿智緊張了沒有一下，就開始進入自我的世界，那個世界只有他眼前那台車。相較於我施工的時候，他的「忘我」更加激烈。我想他可能在這個行業找到了自信，而適當地鼓勵員工這種心靈雞湯，我一直都駕輕就熟。阿智很認真地告訴我，暑假過完他想繼續做，其他朋友可能都會去上大學。

「你不繼續念書嗎？」我問他。

「沒辦法，我要養小孩，老婆快生了。」他說。

「你有小孩了？」

他笑了，眼睛瞇瞇的。

高中畢業女朋友意外懷孕，他就乾脆把孩子生下來。我不知道如何形容當時的表情，但我想肯定是嘴巴張得很大。這種電影情節竟然真實上演，我覺得這個店開得真好，突然明白關起門來寫作是多麼愚蠢，多麼眼界狹小。知道這件事，跟這件事的主角活生生站在你眼前，那肯定是兩回事。

阿智後來就真的留下來了，中間有一次曾經想離職，被我挽留。挽留之後的當天，我接到了阿智媽媽的電話。

「老闆，我是阿智的媽媽。

「非常謝謝你給阿智磨練學習的機會。」

阿智是單親家庭，媽媽一手撫養長大。因為工作很忙，偶爾也照顧不到阿智，萬幸的是，阿智雖然愛玩，但也沒犯下太過嚴重的錯誤。如果太早結婚生小孩這件事，對於普世價值來說不算犯錯的話。但媽媽很擔心阿智，因為阿智跟她說，他想去刺青。

我安慰她：「媽媽，我知道你擔心，但是我也要說句公道話，刺青不代表就是學壞，有時候只是年輕人想要表現自己，想要展現自己的個性以及流行而已。」

「不是的，老闆，我那天偷偷聽到他講電話，說要跟人家去拓賭。」

拓賭是黑話，代表兩方人馬各自找人談判，說不定一言不合就會發生激烈衝突。當然肯定不會像電影《古惑仔》那麼誇張，但也不會是什麼好事。我沉默了片刻，告訴媽媽我會處理這件事。

過了幾天，我委託當兵的同梯小維到店裡來一趟。

小維雖然年紀小我一些，但也算是社會人士，對於這些小混混的日常再熟悉不過。我逮了個時機，讓小維跟我聊天，阿智恰好在旁邊聽。小維說著自己前陣子發生的一些大事，然後非常配合地長吁短嘆，說現在當兄弟真的很不好混，大家都要談錢，當流氓根本賺不到錢。他很多兄弟最近不是跑去開貨車，就是找工地的工作，真正想以流氓當職業，難。

話鋒一轉，小維看著阿志。

「聽說你想跟人家去拓賭？」小維超直接，我完全傻眼。

阿智一臉尷尬：「就是好奇。」

「沒什麼好好奇的，」小維用力搥了自己胖胖的胸口，「跟我去，我帶你去見識什麼是真正的輸贏，什麼是真正的冤家（吵架），你很快就沒興趣了。」

阿智看著我，露出求救的眼神。

「好了啦，你不要亂嚇我的員工。」我笑著。但是眼神卻對小維充滿肯定。那次之後，阿智再也沒有想過要去見識流氓的生活。

高中剛畢業，女朋友就懷孕，我問阿智這種感覺像什麼，他也說不上來，只告訴我：「就好像念書的時候老師要你去罰站，你就得乖乖去罰站，這樣。」

他老婆臨盆那一天，我讓阿智放假去陪產，晚上再繞過去婦產科隔著玻璃看他的孩子。包了一個不算大的紅包，嘴裡說著「恭喜啊」、「真的好可愛」這種話，事實上剛出生的小孩，躺在那裡怎麼看都長得一樣，皮皺皺的，小小的。但也真說不出「哇，你的孩子好……皺喔」這種話。

成了小爸爸後，阿智休息了幾天就回來上班，也沒聽他說晚上要起來餵奶之類的。那些女男平等、那些溫柔善良的另外一半似乎不是課題，對十八歲的阿智而言，那只是生存。只是日常。

而阿智人生學會的第一個成語，我印象深刻，就是「欲蓋彌彰」。當他車內吸塵沒有做到很好被我檢查出來，而且試圖拿客人的面紙盒蓋住那個比較髒的部分，我跟他說這樣「欲蓋彌彰」不是辦法，反而會更明顯。他愣在那裡，一個字、一個字問我這四個字究竟怎麼寫，是什麼意思。那一瞬間我彷彿回到了大學打工的安親班，班上的孩子拿著考卷問我，老師這個成語是什麼意思。後來阿智很喜歡這個成語，我很意外一個長到十八歲的傢伙，怎麼從來沒學過成語？

我想起小學三年級，老師總喜歡讓我上台，在早自習的時間，對著全班同學講成語故事。那段時間我總覺得自己以後會當老師，我喜歡把成語的故事講給同學聽，我講的第一個故事就是「方寸已亂」，那是三國時候的故事，講述因為母親生病而整個人心慌意亂。站在講台上有種權威感，我可以呼喚同學將成語抄在聯絡簿上，一度模仿起老師授課的模樣。後來我當上了安親班老師，也因為安親班學生的介紹阿智才來上班。所以算起來，我與阿智的緣分可能從我八歲國小三年級就建立起來了，那時候他甚至還沒有出生！

從那之後，我試圖每天教他一個成語，然後變成一個禮拜教他一個，接著不到一個月我就放棄了。阿智果然沒有學成語的天賦，也沒有學成語的動力。

阿智在我這裡做了不短的時間，離職的原因也很有趣，因為覺得薪水太少。薪水少不是絕對的，而是相對的。前一個月因為生意好，加班多，所以薪水加上獎金，他拿了相當高的金額。下一個月因為他遲到有點嚴重，加上業績獎金減少，扣掉了全部的全勤獎金，與前一個月差距有些大。因此他就決定離開。

在當老闆初期，我很喜歡以「好為人師」的樣貌，告訴員工應該如何在工作中找到自己的成就感，事實上就是告訴他們，雖然薪水不理想，但是你會有成就。薪水會調整，但成就感找不到就沒救了。然而，這個世界必須要先有好的薪水，再來找成就感才對。有人說，他是有了小孩才開始學怎麼當媽媽／爸爸，而我則是開了店才學習怎麼當老闆。

阿智的離開讓我覺得很可惜，可是也無能為力，畢竟要照著規矩來計算，否則對準時上班的員工不公平。這就如同學校考試會抓作弊一樣，如果因為作弊得到高分卻不被舉發，那對認真念書的同學來說，就真的太不公平了。我還記得阿智離開前的樣子，雖然回憶的畫面有些因為夏日的炎熱而氤氳。

一天下午，炙熱。我看見他拿著隔壁水果攤賣的現搾果汁，放在窗戶旁邊，一邊笑鬧一邊跟其他員工說，不知道晒太陽多久，這個果汁才會炸開。那個時候我大概明白了，這個人應該留不住。當一個人選擇做這件事，卻沒去思考果汁炸開之後，整個休息室會多麼淒慘，我想他大概對這個地方已經沒有歸屬感。或者說他是想過的，只是不在乎。

這些年我學會了眼睜睜地看著這樣的事情發生，一開始，如同阿智這次一樣，我還會費著心思解釋，後來我慢慢學會了點頭，謝謝他辛苦的付出，祝福他鵬程萬里。

人來來去去，自己必須很快地習以為常。我是個感性的人，阿智離開的時候我卻很理性，跟他談了很久，最終沒有勉強。

這種理性不是選擇，沒有可能任意變換。就像「啊，今天我想要成為一個感性的人」，那我就一邊上輪胎油一邊寫詩吧。這不可能。這理性是一種保護自己的方法，理智地接受結果，並且趕緊徵人。不這樣做，我早就被淹沒在人來人往的洪流中了。但我經常想起這些人的事情，在記憶中不斷疊加。經常會後悔自己某一秒說了什麼不好的話，很希望重來一次。結果這個希望變成現實，我一直有新的機會跟新的員工修正自己說的話、做的選擇。這樣看起來，我真的太幸福了。也因為這樣的幸福，才可以寫下那麼多故事。

而這麼多事情之後，我明白了一些事情。有些人如果脫離了你的生活圈，那就讓他離開，不管如何看重，不管如何珍惜，你都無法跟他待在同一個溫度層。

「你要記得，很多人會看衰你，你那麼早結婚，身邊的朋友一定會私底下等著看你的笑話。記得，無論如何，堅持下去，讓那些看衰你的人跌破眼鏡。男人就是要這樣，不要認輸。」

這是我最後跟阿智說的話。

事實上把結婚改成「創業」，也就是我跟自己說的話。

截至目前為止，阿智婚姻還維持著，前些日子買了一台賓士，來找我做鍍膜。我親自做的。看見他過得很好，我心裡也踏實很多。婚姻美滿與否不足為外人道，但至少我知道他堅持住了，即便沒有緣分繼續一起工作，但是彼此的人生還在繼續，每個人的人生都是，偶然的交錯總有一些獲得。

回頭看過去，我們都深深慶幸。慶幸自己沒有白白活過這一趟。

這一餐讓我請

那天，幾個素未謀面的人到店裡來，劈頭就說要找老闆，還自稱是「老闆的朋友」？

「老闆，能不能借我五百塊，朋友來找我，我想帶他們去夜市吃東西。」老張搓著手，一臉不好意思卻又帶著興奮地跟我說著。我很難解釋什麼叫做不好意思卻又帶著興奮的表情，至少以前我寫作時，不會使用這樣的形容詞。

那一天其實有些冷，我在店最外頭的洗車區蹲著刷輪圈，約莫傍晚六點，天色已黑。三個中年人看著我。

「老闆在嗎？」一個中年男子這麼說。

「請問您是？」我站起身。

並不是刻意想隱瞞自己的身分，只是習慣性直接詢問來意。這年頭很多業務推銷商品，第一句話就是問你「老闆在嗎」，如果不想浪費時間跟他們打交道，直接回覆老闆不在是這幾年來統計出最好的回絕方式。於是我就這麼說了，得到了非常意外的回答。

「我是老闆的朋友，麻煩你幫我叫他一下。」

我瞪大了眼睛，看著眼前那個穿著紅色外套、頭髮有些亂、手指夾著菸的男子，不停在記憶裡搜索自己何時有了這個朋友。

接著，老張從裡面走出來，一臉尷尬，有點無助。黝黑的皮膚搭配削瘦的身材，法令紋很深很深，好像裡頭藏了太多的憂慮以及苦難。回想起第一次見到老張那天，我就無法不注意他那好像可以躲藏所有人生痕跡的法令紋。

老張五十幾歲了，說難聽一點，如果他早點結婚生子，都可以當我爸了。那年我二十九歲，老張原本是附近一家傳統洗車場的員工，專長據他所說是整理汽車內裝，戰鬥力號稱可以達到兩萬，最高戰績是一天吸了四十台車的內裝。

「四十台……」我愣住了。我這家店，一天不過也就七、八台車。

「一天隨便二十台沒有問題。」他這樣告訴我。

「我這裡有點不同，屬於比較高檔精細的，可能一個地方吸塵要做到最完美，光是定在那裡不動就要五分鐘，跟快速的吸塵肌肉承受度完全不同。你確定有辦法嗎？畢竟你已經有點年紀了。」

老張拍著胸脯信誓旦旦，我也就相信他了。第一天下午，他就摸著腰跟我說，老闆，真的好累，怎麼要弄成這樣，這樣賺不了錢。我說沒辦法，要做得快，熟悉了誰都可以快，但要做得好做得仔細，除了熟悉，還得要有一顆堅持的心。誰知道這種屁話我是從哪裡學到的，但是我就這麼說出口了。

老張一臉愕然，若有所思了好一下子，然後點起一根菸。

「老闆，關於這個堅持的心啊，我以前在一家大公司當主管的時候——」

我制止了老張。每次他說起以前在什麼大企業當主管之類的話，大概就要講個半小時，工作都不必做了。我指了指外面的車，讓他趕緊出去幫忙。否則他一說起以前的豐功偉業，不出意外又會從背包拿出他的護照，告訴我們他去過多少國家，不管是出差也好，觀光也好，那經歷簡直要嚇壞了我們。

五十幾歲的年紀了，以前做的那家傳統汽車美容，包吃包住，所謂的包住就是在他們店裡的休息室隨便躺一躺就對付一個晚上。據他所說，他們店裡很多員工都沒地方住，也欠了很多錢，包括健保費，所以不必保險只求有一個地方棲身。每次聽到這樣的事我都很意外，真的有人會把日子過成這個樣子嗎？

所以到我這邊應徵的第一天，還沒開始做事，老張就跟我預支了半個月的薪水，必須付房租。我看著他來面試的時候，一個簡單有點破舊的灰色後背包，那就是老張全部的家當了。如果再給我一次機會，說不定我會好奇地要求他讓我看看，讓我看一眼就好，看看那個跟著他到處漂流到處閃耀的背包裡，究竟都裝了些什麼。

老張跟師仔很合不來。技術行業看功夫，不大看年紀。師仔年紀不過二十五、六，但是國中都沒畢業的他，從事汽車美容超過十年，算是非常老經驗的師傅。遇上了很喜歡賣老的老張，如果技術上過得去也就罷了，偏偏在技術上被師仔壓在地上摩擦，兩人的爭執挺多。

在這個技術行業，一個人做事的時候是真的很認真還是在裝忙，通常看得多了，經驗充足了，五秒鐘左右就看出來了。不誇張地說，幾乎瞄一眼就知道眼前這個員工到底有沒有認真。

老張喜歡裝忙，每次都被師仔抓包，一開始還勉強可以好好說，到後來幾乎每天都可以聽見師仔在吼老張，老張則拚命碎碎念。

「老闆，我覺得師傅這樣不對，像你這樣教我就很好，可是吼，他這樣就有點過頭。只要跟我好好說，我都學得到嘛，實在是這個——」

我打斷他：「老張，師傅有他教學的方式，我有我的。在這個環境裡面我們就要去適應，直到有一天你也可以教人的時候，你自然可以選擇你認為好的方式。」

老張點點頭。

當然我認為教學方式不是最大的問題，一直到這麼多年之後，我始終認為他跟師仔之間最大的問題，在中餐。

那時候我中餐不是補助現金，而是直接統一訂購，不管吃什麼都由店裡買單。我依稀記得第一次，中午多訂了一個便當要給客人，結果客人沒有吃，最後那個便當被瘦瘦的老張嗑掉了。一個看起來六十公斤都不到的老傢伙，食量不是普通的大。

真正的引爆點在某一天，師仔很生氣地跑來跟我說，以後中午便當由他統一訂購，不要讓員工自己選擇。

「為什麼？如果今天你想吃排骨便當，另外一個想吃牛肉麵，這怎麼處理？」

「就吃便當就好。」師仔說。

「這樣好嗎？」我很猶豫，「突然改規則我怕其他人有意見。」

「幹，老闆你不知道今天我們吃鍋貼，我吃十五顆，老張說他要吃幾顆。」

「幾顆？」能幾顆？一個人就那樣的胃口。

「他說他要吃五十顆。」

「幹你娘，五十顆咧！二十顆啦，你是打算吃到晚餐是不是？」師仔這樣回老張。

說來好笑，老張的確一次吃不完五十顆鍋貼，剩下的打算下午肚子餓繼續吃。聽到師仔這樣說，老張眼神一亮。「對喔，真的可以訂多一點吃到晚餐嗎？」

我聽到這樣的對話，忍不住也笑了。這個老張。最後就依照師仔的建議，中午由他統一訂便當，當然包括我。不過說實話，一個五十元的便當，我都不知道那個排骨是用什麼肉做的，外面的粉皮吃起來怎麼說怎麼怪，除了白飯量很多，其他小菜簡直慘不忍睹。但那段時間，我們也就這樣將就著吃，將就著過。

人生不過就是一瞬而已，一頓飯的問題在人生不是大事，卻留下了很有意思的印記。

一開始預支的半個月薪水，老張始終沒有真正結清過。每到發薪水的時候，我會把他欠的薪水扣掉，可惜不到兩週，老張又會借錢。每次四千塊、五千塊地借，等到下個月一結算，薪水又剩不到一半了。

這樣的老張，在朋友來找他的時候，還是堅持要帶他們去吃東西，並且請客。當然，是跟我借的錢。那五百塊終究我還是給了他，至於他告訴朋友自己是店長、是老闆的這回事，我很有默契地裝作不知道也絕口不提。

之後那些朋友陸陸續續也來了幾次，每次都說找老闆，我都是笑笑地叫老張。師仔跟其他同事知道了之後，本來打算好好嘲笑老張，被我制止了。不知道為什麼，或許是一種直覺，我希望幫老張留下一點點人生的價值。如果這樣的說法可以讓老張每天晚上帶著笑容入睡，那根本不需要去戳破。

當然後來我就後悔了。因為老張差點謀殺我。

這樣說是聳動了一點，但是千真萬確。當年我非常喜歡玩車，所有的員工都知道，洗我的車絕對不可以上輪胎油，因為老闆「呸車」很快，上油會打滑。老張也知道，不過某一天幫我洗車的時候，他又忘了。

隔天清晨下著大雨，我在習慣小跑一下的上坡路段，右腳一個用力踩下油門，車子開始像擺脫了魚缸的金魚，左搖右擺好不寫意快活，我在駕駛座幾乎看見人生的跑馬燈，而且是以極慢的速度從我眼前滑過。那一幕幕畫面直到現在我都記憶猶新，甚至有些被塵封起來的畫面都跑出來了。

一到公司，我立刻破口大罵，用我人生累積起來所有最難聽的髒話攻擊我的員工，最後老張怯生生地過來，跟我說是他上的輪胎油。

「這個這個……我想是老闆的車，所以上得比較仔細一點。」

喇叭低下頭去看，發現輪胎油上到胎面第一條溝。姑且不說我的輪胎是性能胎，排水比較不好，一般車子大概也要點光明燈才能保證不會打滑失控。我看著眼前這個皮膚黝黑、身材削瘦的阿伯，滿肚子火氣也不知道怎麼發。

老張告訴我，以前在上市公司當主管，後來被騙欠了一屁股錢，只好跑路，名下不能有財產，也不能幫他保勞健保，一保下去債主立刻上門，銀行會扣至少三分之一的薪水，那樣他會過不下去。所以每個月我一樣給他勞健保的錢，至於他拿來請客吃飯，還是拿來幹什麼去了，我從來沒問過。

從老張的談吐來看，好像他說的過往真的有那麼一回事，可是聽多了就像吹牛皮，我也就不大相信了。有一回忘記大家在聊什麼社會新聞，老張突然說出一大堆金融專業術語，那一秒鐘他的臉上發著光，從頭頂到腳下，臉上的表情好像我們都是白痴，這點簡單的道理都不懂。

可惜的是，他講了不到五分鐘，其他人不是收布，就是拖地，沒什麼人願意聽他多說。

這個行業員工來來去去。老張做了幾個月，大概半年左右，離職了。

離職前，他拿著他的護照，一臉笑容。

「老闆，聖誕節我想請假幾天。每年聖誕節這個時候我都習慣出國度假，今年我去香港幾天，不知道可不可以讓我請假？」

我接過他遞過來的護照，左翻右翻。還真的是他的護照，沒有過期，只是我覺得有些奇怪，他說他去過很多很多地方，這些年足跡踏遍了不敢說全世界，起碼也有十幾個國家。但是我看到的，幾乎都是香港。

「老張，請假不是大問題，出國度假也很好，只是你現在的經濟狀況沒有很好，說難聽一點，你還欠我不少錢，這樣子還要出國度假，不太對吧？」

「這是我的習慣了，每一年都這樣。」老張臉色一黯。

「你自己好好考慮一下。這個年紀了，沒有什麼保障，勞健保費用給你也不知道你有沒有去保，月中身上就沒錢，出國一趟回來如果又跟我借錢，我可沒辦法再支援你。」

老張沒有多說什麼，把他的護照收起來，就開始抽菸。

他剛來報到的時候，幾乎每做完一台車就要溜進員工休息室抽菸，一直到我告訴他，這家店只有一個人可以想抽菸就進去休息室抽菸，那就是我，他才改過來這個毛病。並且每次要休息抽菸、要上廁所都會來跟我報告，有點像當兵那樣，讓我想起《刺激一九九五》裡面的摩根．費里曼。這點跟後來的一號仔很像。

他開始抽菸，一根接著一根。我沒有制止他，走出了休息室。現在回想起來，老張從來沒有提到過他的家人。在他離開之後，有一天我無意間跟員工談到他，師仔才幽幽地告訴我，老張似乎結過婚，有一個女兒。在香港，是什麼很了不起的公司主管。

這些都無法查證了，我在心底大概捏了一下算盤，老張可能每年就這麼一次，有機會去香港看家人吧。

在跟我談完請假的事情沒多久，老張就跟我說他要離職。我沒有留他，只是看著他，不明白為什麼我只是請他好好想一下自己的狀況，他卻要選擇離開。

這個行業的人，很多時候離開不是因為委屈了，而是因為不被瞭解，或者是因為被赤裸裸地瞭解了。老張是這樣，之前的阿樂也是。每次只是讓他們多想一想再決定，結果都是選擇離開。會不會是我這句「你再想一想」出了問題呢？我經常這樣問自己，卻怎麼樣也沒有答案。

現在我想我知道了，在這麼多年這麼多年之後。

我終於也到了一個年紀，一個對自己會感到無能為力的年紀。終於知道了人生會有一些事情，是你用盡所有力氣都沒辦法去改變的，唯一能改變的只有自己的思緒，逼迫自己去想像一個更加符合自己理想的世界。也許在睡覺前，拿出來回味溫習一下，藉此得到一夜好眠。而被硬生生戳破之後，就好像從一個泡沫裡面跳出來，泡沫破掉的聲音很刺耳。而他們，不願意待在一個不斷提醒自己，「想像中的世界被戳破了」的地方。每看到我一次，就會提醒他們一次，於是乾脆離開。反正工作再找就有，美夢破了，人生就完蛋了。

阿樂是這樣的，怕爸爸出現的泡泡破了。

老張是這樣的，怕他現在如同過往風光、一身瀟灑去找女兒的泡泡破了。

戳破他們的是我。對於這點，我很抱歉。

唯一慶幸的，是我始終沒有在他的朋友面前戳破他。沒有告訴他們，我才是老闆，老張只是我的員工，一個每到月中就要跟我借錢的員工。一個中午可以吃兩個便當，一天要抽兩包菸，而且還想點五十顆鍋貼的員工。總是說著自己以前的豐功偉業，然後差點因為輪胎油把老闆殺掉的員工。

對了，最後他欠我的薪水，始終沒有還給我。不過沒差了，就當贊助他去香港過聖誕節的旅費。

這麼多年之後，我偶爾還會想像這樣的畫面。老張穿著西裝，黝黑削瘦的身影出現在香港很棒的餐廳，或許可以看到維多利亞港的夜景。他的女兒坐在他的面前，聽他說著自己的員工又發生什麼事，也許有一個員工就像我，話不多臉很臭，洗一台車可以去休息室抽好幾根菸。女兒開心地笑著，跟著罵員工，然後吃完飯，老張拿著皮夾去付帳。

這餐我請。

我在心裡默默地跟老張說。

眼角的褶子像開屏

每次他笑，眼角就起褶子，好像生活遇到苦難一次，就在上頭劃一刀。

打開婚紗公司的玻璃門時，手被門把電了一下。雖然是冬天，那一天的陽光卻很大，有些熱。因為假日，且前一晚的大雨，我睡得很不安穩，有些遲了。縮回被電到的手，遲疑了一下我才進門。

婚紗店並不大，樓中樓設計，一入門就看見阿正躺在地上，穿著如同秀場主持人一樣的西裝，藍色且閃亮。右手還包紮著紗布，自然捲的頭髮配上深邃的五官，黝黑的皮膚，臉上露出開心的笑容，眼角起了好幾個褶子，像孔雀開屏。

攝影師在二樓，從上往下拍。「很好、很好，再笑開一點，很好……」

我在玻璃門前看著這一幕，感覺從靈魂深處的平靜。

一切都要從一場車禍說起。

很小的時候，阿正就離開家鄉北上發展。做洗車工之前，什麼也幹過。做土水、鋪磁磚，還做過大樓外牆清洗。大樓外牆清洗是阿正最害怕的工作，有些懼高的他，每次在吊車上都提心吊膽，深怕自己一個踩空就會往下飄。工作換來換去，最後跑去考了職業大客車駕照，開起了砂石車。「其實大車的視野也很高，但是我不會怕，大車一直往前開，沒有往下飄的感覺。」

大車駕駛不是月薪，是計件算錢。也因此總是得趕趟，一個月下來扣掉車子的租金，好的時候可以有好多萬。清晨到車場拉車的時候，可能因為總是載著廢土，空氣裡頭有很濃的砂石味道，胸口會悶悶的。聞習慣了很香，好像小時候喜歡聞火柴熄掉以後的味道那樣。

為了多賺一點錢，有時候假日臨時出班，阿正都是那個最配合的。平日在高速公路上南來北往，頂多上下班時間堵一下，假日的時候很淒慘，走到哪裡塞到哪裡，龜車又多，一整天下來跑不到幾趟。

「能跑一趟就算一趟，別人不做我來做。」他說。

家裡因為早年父親幫人作保，欠了一屁股債，母親躲在新竹的山上沒辦法工作。阿正只想趕快把這些錢還清，接媽媽下山過一點好日子。為了達成這個目標，阿正每天的中餐都是便利商店，變著花樣吃，吃得比餐廳都好。我很佩服阿正這種隨遇而安的個性，講沒兩句話，就會發自內心誠摯地笑，眼睛都瞇了，眼角的褶子像孔雀開屏。

職業駕駛因為長時間待在車上，冬天很冷的時候，阿正會在檳榔攤買一個十八王公肉粽（也不知道檳榔攤是不是真的去十八王公買的）。方向盤太冰、手指頭不聽使喚的時候，就捏著肉粽，捏著捏著手也油了，剛好冬天手乾，粽子出油，潤滑。夏天的時候最是痛苦，車子高，太陽直射眼睛，大車的冷氣又是裝飾用的，車內的小電扇吹出來都是熱氣呼呼的，好像車廂裡面有一百個人在吐氣，眼睛蒸得都快睜不開。

這時候去檳榔攤買幾罐結冰水，一罐墊在後腰的地方，一罐放在大腿上，其他放在電風扇前面。「五股交流道那邊有個檳榔攤，阿姨賣的結冰水最便宜，五罐只要四十塊。」他說。長期這樣開車下來，腰痠背痛不說，偶爾工程末期要趕趟，包商為了省錢，土會瀝得很乾，一車可以多載一點。因為如此，經常要在場子裡頭等老半天，等到車都排隊塞住了，司機抱怨連連。但阿正通常不會多說些什麼，只是靜靜地看著車子發呆，在心裡默默計算自己一趟要跑多久，一天又可以賺多少錢。

等得久了，人也累了。時常開車開到恍惚，只好把音響開到最大聲。大車上的音響就算開到最大，有時候因為噪音太強，柴油的引擎聲加上超大輪胎滾動的噪音，音樂還是只能像是背景音，甚至連無線電都聽不清楚。

阿正很少很少用無線電跟其他司機聊天，總是靜靜聽著友台報路況，聽著裡面有些司機在吵架，像個局外人一樣。「你為什麼不試著跟他們聊天？說不定會不那麼想睡覺。」我問他。他說：「不知道要講什麼，他們講話很快，我聽不太懂，曾經想要回話，才拿起來他們就已經換話題了。哈哈哈哈……」

跟阿正拍婚紗照的那個女生，就是運輸公司的會計。阿正說，剛認識她的時候，覺得這個瘦瘦的女生好兇，講話嘰哩呱啦地，經常聽不懂。但是這個女生對阿正很友善，有時候車趟少了，女生會提早打電話給阿正，讓他早一點到公司來，太晚來就沒得跑。「她後來都幫我換比較好的車頭，老闆你知道嗎？賓士的車頭其實沒有很好，比較好的是富豪的。HINO啊，也普通，但是賓士就是不好，而且很貴。」我摸過那麼多台車，大台的倒是從來沒碰過，所以也不清楚。我只想著：賓士耶！賓士竟然比較不好，怎麼可能！

沒有車可以跑的時候，阿正經常待在公司裡面，老闆看見了，會讓阿正去買個便當、買個飲料。回來跟會計小姐報帳。一來二往，慢慢就跟會計小姐熟了起來，偶爾會聊天。雖然大部分都是她在說，阿正在聽，然後眼角褶子笑開了屏。

「我跟她去很多地方玩喔！我帶她去內湖的公園爬山，裡面有一個很大的湖。還跟她去過陽明山賞花，結果搞錯時間，花季結束了。」

「我很想念跟她一起爬山的感覺。」阿正說。

兩個人其實沒有交往，但是感情很好，下班後偶爾也會傳簡訊問候一下的那種好朋友。每次阿正出車之前，會計小姐會跟他說再見，阿正會回她：「晚點見。」然後拚命趕車，希望在會計小姐下班之前回來，跟她說再見。我說，這樣太危險了吧！阿正抓抓頭：「那時候不覺得危險。」

實在是太危險了。有一回出車，因為等待太久加上前面塞車，阿正開得有些急。精神不濟的狀況之下，剎車不及。差點撞上前車的時候，阿正心裡想，這剎車如果真的猛踩下去，一定會拗甘蔗（大車後廂載土石的貨斗因為緊急剎車慣性往前衝，整台車會打橫），前面的小客車就完蛋了。

「那是我這輩子腦筋動最快的一次，我就往路肩衝，衝下護欄，這樣就不會撞上那台小龜龜。」接下來的事情，阿正就不記得了。

醒來以後，阿正在醫院躺了足足兩天，肋骨斷了幾根，頸椎也歪了，大腿骨折，右手手腕開放性骨折。會計小姐來看阿正的時候，「就一直掉眼淚啊。」阿正說。那時候不太好說話，手也舉不起來，全身好像都散了。但是阿正努力讓會計小姐不要哭，不要哭，他沒事，就是有點痛而已。「她就是一直哭。」阿正說。

因為受傷太嚴重，花了很長時間才康復。這段時間有保險，生活上不會出現立即的問題，加上會計小姐一直陪著阿正。「有時候覺得，那段時間才是最好的時光。」阿正說。

公司的老闆很好，阿正康復之後，還讓阿正繼續回去開車。可是因為心裡有嚴重的陰影，只要跨上大車的駕駛座，怎麼樣也沒辦法摸上方向盤。「我一直都會想到，車子衝出去的時候那種恐怖，手一直抖一直抖，甚至忘了怎麼打檔，怎麼把車開出去，覺得車子好大，好恐怖。」

還好老闆體諒，讓阿正在辦公室打雜，買買便當買買飲料，沒事的時候就坐著發呆，看會計小姐忙進忙出，自己卻幫不上忙。當助理的那段時間薪水一下子少了很多，畢竟老闆不是做慈善事業的，況且這個工作每天沒事做的時候多，有事做的時候少，時間一久，自己都覺得屁股很癢，在辦公室裡面坐不住。

就在那個時候，會計小姐經常跌倒，也經常坐在椅子上喘不過氣。阿正不知道怎麼幫忙，那時候多半只能在一旁乾著急。會計小姐這個症狀很嚴重，沒多久，就再也沒來公司了。「那種感覺很像我的車子衝出去了，只是速度慢很多很多，我感覺她就要撞上護欄，可是我在旁邊伸手，速度很慢，完全碰不到她。」阿正說。

會計小姐得的是一種類似肌肉萎縮的病，沒有過多久，會計小姐就沒辦法走路了。「那個……這個病那麼快就不能動了？」我問。「對啊，好像是這樣的，本來就很瘦的她，整個人消風。我每次都笑她，再這樣瘦下去，別人會以為我沒有給她飯吃。」阿正啊……別人真的不會這樣說，好嗎？再怎麼鐵石心腸的人，看到這個狀況，都會於心不忍吧。阿正倒是沒心沒肺，對著會計小姐，始終都是笑開屏的臉，好像這個世界沒有什麼讓他哭的事。「好奇怪，我受傷的時候她一直哭，她生病了以後，我都沒看見她哭。我問她，是不是這個病也會讓眼淚萎縮，她說，如果可以的話，很想打我一拳，哈哈哈哈。」阿正說。

到最後，會計小姐連手都不大能動了，阿正每天背著她上上下下，上廁所洗澡，大小事情都一手包辦。會計小姐的家人看不過去，覺得阿正這樣沒工作，兩個人遲早會完蛋。這也是為何我會認識阿正的原因。阿正到我這裡來，因為沒做過洗車，所有的事情都是從頭學。年紀快要四十了，身上還有傷，動作很慢，有時候手腕痛了起來，連吸完內裝要關車門都沒力氣。

有天放假前，阿正問我：「老闆，我明天想去後面的中醫診所看手，你要不要跟我去？」我第一次遇到員工看醫生找我陪同的，我點點頭：「好啊，順便讓你請吃滷肉飯，隔壁那間。」

這真是很寶的一件事。陪著他等叫號，等他看醫生、針灸完，手包得大大的，他說：「老闆，請你吃滷肉飯。」

「不要了啦，你趕快買回家吃，早點休息。而且滷肉飯那麼便宜，這樣就想打發我，辦不到。」我開玩笑地說。

阿正其實是個很努力的人，可是先天上學習能力很不好，店裡教育的新動作、新的施工總是忘東忘西。他報到的時候是夏天，很熱，大家施工的時候比較躁動，所以阿正經常挨罵。每次挨罵了，阿正就會買一堆飲料請大家喝，有一次被師傅罵了，還跑去買結冰水，希望師傅消消火。

我看著他這麼難受，很明顯不適合這個工作。即便如此，我還是叮嚀店長多給他一點時間，進度慢一些無妨。磨合了好一陣子，我發現除了幫忙跑腿買東西之外，其他工作方面的進度真的很差很差。手腕的傷大大影響他的工作，好幾次關門因為太痛，忘了喊「關門」，幾乎要把店長的手夾斷。

看著阿正愈來愈不開心，笑的時間愈來愈少，我有些想念他眼角的褶子。找了個時間跟他長談，問他是不是有其他打算，至少找個體力負荷沒有那麼重的行業，減少手腕的負擔。

「老闆，是不是我真的很差勁啊？」他問我。問的時候，眼角褶子很深。

「不是的，單純只是適合不適合的問題，工作可以重新找，但身體壞掉了，那是一輩子的。我不希望你的手傷愈來愈嚴重，你能明白我的用意嗎？」

這不是辭退你，是真的不想看到你那麼辛苦。

阿正總是笑，眼角總是開屏。最後阿正聽了我的建議，找了一個保全的工作，薪水不差，而且體力上沒那麼吃重。加上他總是笑臉迎人，特別適合。離職之前，阿正約了所有同事一起吃火鍋，吃到飽的那種，帶著會計小姐。

我看著他把會計小姐抱下車，心裡想的是那受傷的手，要把力氣留給這個女生才對。「老闆，我請客喔，不可以跟我爭。」

好啊！到時候我在薪水裡面給你加回去就好。但是我不會跟你說。

好一陣子之後，收到阿正的電話，於是我出現在婚紗店。看著他笑得憨，忍不住在拍攝的休息時間走過去，跟他說西裝真是醜死了，躺著的時候雙下巴超明顯，你真的是牛糞靠在鮮花旁邊。阿正聽了，笑得很開心，真正的哈哈大笑。

聽說男的孔雀才有美麗的尾羽，而開屏的時候多半是為了博得心儀對象的歡心。阿正開屏的時候很難看，醜死了，如同拍婚紗那天的西裝。但是我喜歡他笑起來眼角的褶子，好像生活遇到苦難一次，就在上頭劃一刀。劃得愈多，開屏的時候就愈引人注目。

願每個人也能如他一般，遇到苦難總是開屏。

蹲著的人

在這個社會上我們就是蹲著的那一群人，仰頭看著客戶，每天把自己的身體弄得萬分疲憊，賺取一些微薄的收入。

因為天氣不好，阿俊在地板上蠕動模仿毛毛蟲，聽說是他的成名絕技。

汽車美容這個行業百分之五十靠天吃飯。下雨天的時候多半會讓員工去發傳單夾我們自己製作的廣告面紙。如果連續太多天的雨，很抱歉台北就是這樣，冬天有東北季風的雨，夏天有午後雷陣雨還有颱風。一旦下雨時間太長，我們也只好找點娛樂做。看著趴在地上雙手貼緊大腿，用力將腰拱起來的阿俊，我實在忘了當時的我腦中想著些什麼。是思考這樣的絕技可以帶來人生什麼幫助嗎？還是懷疑人生？模仿什麼不好，偏偏要模仿毛毛蟲。

阿俊是那五個同時來工作的中輟生其中之一，也是唯一留到過年前的。這點倒是讓我很意外。開店初始，不習慣體力勞動的我，總是很害怕沒有員工，自己會累到像條狗，所以一旦員工離職，就會急急忙忙應徵。這幾個孩子就是那時候一起來的，一次五個，感覺我這裡都快變成高中生的泡沫紅茶店。

對他們印象最深刻的，是來工作的第一週之後，放假完隔天一個都沒有回來上班。我等到了下午，跟當時的股東學弟大眼瞪小眼。學弟堅持要打電話問他們，我則是搖頭。如果沒有出現，依照經驗法則，大概永遠都不會出現了。沒想到大概兩點多，一個頭髮梳得差不多有一本雜誌這麼高的員工來上班了。

「老闆對不起，睡過頭了。」這個員工的名字我真的不記得了，我記得他的一頭金髮以及梳得老高的模樣。還有每次跟他說話都看著旁邊的不專心態度。

隔天倒是每一個都來報到了，其中一個胖胖的、感覺像是五個裡面帶頭的，一來公司就花了一大堆時間跟我解釋前一天他們去哪裡玩，喝了多少酒，還去夜遊，所以爬不起來。我簡單訓斥了一頓之後，就讓他們繼續做。

胖胖的這個傢伙，說話很大聲，喜歡裝成自己是大哥的樣子，對其他同事說話更是呼來喚去。可惜他的施工細緻度真的非常不行。

「小胖，從今天開始，你就只需要負責輪胎油。我示範給你看。」我拿著輪胎刷跟輪胎油的罐子，一次又一次地示範。刷輪胎油是基本中的基本，最重要的是輪胎必須用風槍吹到乾，否則因為油水分離的關係，輪胎上面水太多，輪胎油不會附著，剛開始看起來油油亮亮，水分揮發之後就變得東一塊、西一塊。

小胖因為真的太胖，蹲下來的時候會露出半截屁股，於是每一天他穿什麼顏色內褲我都一清二楚（我真的很不想清楚這種事）。

「輪胎油是最基本的功夫，你想要在輪胎上面帶來光亮，就必須吹除上面的水分。人生最害怕的就是不知道自己身上有多少水分，誤以為那些水就是你人生的光亮，於是後面不管你想增加什麼漂亮的美好的，終究都是沒有意義的。」

我不知道他是不是理解，但是這樣的道理很淺顯易懂，小胖也因此扎扎實實地上了很多天的輪胎油。

「老闆，下班以後你要不要跟我去打撞球？」

小胖離職前，跟我提出邀約。

「我以前在球間顧外場，常常要跟客人對打，很厲害。」小胖說。

「好，你趕快排球。」

在我領先了五盤之後，他還在跟我臭彈。

「離職以後，你要去哪裡工作？」我問他。

「我阿姨那邊開了一家火鍋店，要我過去幫忙。」

砰！我把球打進之後，其他聚合的球統統帶開，這一盤看來他又要在場下看我表演了。一根菸接著一根菸，我跟他也沒什麼共通的話題。

「可是你的腳那麼臭，可以去火鍋店嗎？」我笑著說，然後把球打進。

「幹，老闆，沒有人一邊講話一邊把球打進的啦。」

哈哈哈哈哈。我拿著桿子，笑到肚子快要抽筋。

「老闆，腳臭真的不能去火鍋店嗎？」他問我。

「我亂說的啦，又不是洗車，鞋子不會濕，腳就不會臭。」
「沒有捏，我鞋子沒有濕腳也會臭。」
「是啊，你就不要脫鞋子就好，對吧？」我母球洗袋，換他。
「老闆，以後來我的火鍋店吃飯，飲料不用錢。」他說。
「對我這麼好？」我可是天天在罵他的。
「真的，因為那家火鍋本來飲料就不用錢。」

幹你娘。我決定接下來不要讓他上場了。

離開球場的時候，我一共贏了他七十一顆，我牢牢記得這個數字。有時候記憶很奇怪，這種一點也不重要的數字，不知道為何就吸附在我的記憶當中，好像雕刻刀刻劃上了印記一樣，想抛掉都不行。如果可以簡單把這個空間清空，我寧可多放一點英文單字。

「老闆，我覺得這邊上班太辛苦了，每天都要蹲著，腳很痠，腰也很痠，全身都很痠。而且鞋子還會濕掉。」小胖跟我說。
「小胖，你覺得離開這裡以後，你就不必蹲著了嗎？」
「當然啊，火鍋店又不必蹲著，站著就好。」

是嗎，小胖？

我多麼希望你以後可以站著，但是很遺憾，我們都蹲著。

在這個社會上我們就是蹲著的那一群人，只能仰頭看著我們的客戶，每天把自己的身體弄得萬分疲憊，然後賺取一些微薄的收入。對他們而言，領到薪水最重要的，永遠都是買菸。錢不夠了，不能吃便當，也一定要留錢買菸。你說，這樣的你們，這樣的我們，從頭到尾有站起來過嗎？

小胖離職之後，沒多久這批孩子也一個接著一個離開了。其中一個去當兵，阿俊則是因為遲到太嚴重，有時候乾脆就不出現，幾天下來就不聲不響直接消失。一直到過年前，阿俊才跑來店裡，拜託我讓他工作，否則過年沒有錢可以花。

過年前二十天，阿俊無故未到班一共八天，遲到十天。唯一沒有遲到的那一天，他就在店裡模仿毛毛蟲給我看，而我清楚過完年之後，這個孩子不會回來上班了，也確實過完年他就沒有出現，包含我當時給他的制服也變成他的紀念品。

這麼多年過去了，不知道阿俊有沒有繼續精進自己的毛毛蟲模仿技術，或者說，阿俊已經找到機會，讓自己變成蝴蝶了。而那個小胖，也不知道是否不再蹲著。

每次想到他們，當然，次數不多，只是偶然想到他們的時候，我總會閃過母親跟我說的話。很小的時候聽媽媽說，花椰菜是很好的蔬菜，營養豐富還能抗氧化。但是小時候她經常不吃，因為花椰菜清洗非常非常困難，因為太多隙縫太多小小的空間，會有蟲、蟲卵以及所有你想像不到的髒東西在裡頭。

我想他們生活的地方就是花椰菜，都是很好的人，只要給他們機會、好好督促，都會是很棒的人。可惜這個社會沒有給他們機會。學校沒有，因為有太多學生要顧，沒辦法過度關注這些不喜歡念書的孩子。在我這邊也沒有，畢竟我需要員工幫我賺錢，而不是慢慢給機會慢慢教育他們。理想總是很棒，我也希望自己是那樣的好老闆，但很遺憾。

我不是。

因為我也是那個蹲著的人。

或者說，誰也沒有在這個世界站著過。

輯二　洗車這回事

以前寫文章兩個小時就可以賺入幾千塊，
現在把手弄得那麼髒，就為了扣掉成本只賺那一點屁錢？

從廢墟說起

洗車場的一切，都從這個地方開始。一個廢墟一樣的地方。

如果真的要說對於洗車的印象，即使過了十年，我的畫面還是停留在開洗車場前幾年，農曆年前在自家車庫外頭，拎著水桶洗車的模樣。那是第一次洗車，洗完之後我告訴自己，那必須是最後一次。太折騰人了。

農曆年前的氣溫不適合碰常溫的水，因為那樣的常溫代表著刺骨。後來我開始堅信所有事情都要交給專業的來，畢竟我不是一個喜歡自己動手的人，如果可以，連換燈泡這種事情都可以交給專業的來。一來自從我眼疾之後異常怕高，二來我的確很不願意相信自己可以做得好。那次洗完車，回頭檢查發現車門下緣很多地方沒洗乾淨，由於洗車的方式是手呈現弧狀揮過去，那沒洗乾淨的灰色痕跡遠遠看很像船。不是海盜船那種前後搖晃，是一葉扁舟，左右搖擺的、會想吃暈船藥的那種。
所以我想從最開始說起，很慢很慢地說，可能說得囉唆了，說得太像日記了，但我不在乎。因為這一切都從這個地方開始。一個廢墟一樣的地方。

●

鐵捲門不甘願地嘶吼著好像不願意與地面分開的時候，房東挺著大肚子，用台語跟我說：「電線都被偷走了，只有回復鐵捲門這邊的電而已。」電線被偷的原因是當時銅的二手價很高。整間店的電線，算一算大概幾千塊甚至上萬塊。賣得了這些錢，我要回復它卻必須花費超過二十萬。
那是個燠熱的下午，四月，我覺得世界末日要到了。經過兩個月反覆地尋找店面，疲憊以及無力感很濃。因為疲憊感而讓這裡加分了，如果這鐵皮屋知道了，會不會開始討厭起這個接下來真正陪伴它超過十年的我呢？即使它沒有電，就像它目前還沒有活著一樣。
「裡面我就沒有整理了，你要租的話自己整理，很多東西都可以用，你可以省很多。」房東拍著肚腩下緣，迎面一陣腐敗的霉味。

這是一個長形店面，面寬不到六米，對於汽車美容產業來說不是一百分，畢竟如果施工到一半，後面已經完工的車輛客戶前來取車，勢必得花很大的精神移車。就像小時候玩的孔明棋一樣，最後一台車要交車，前面三台就得依序移出去店外。但可以直線擺放四台，有完整的客戶休息區，還有獨立的重機具擺放區，也是員工休息的地方。雖然必須在空壓機運轉的巨大噪音以及悶熱環境下休息，但至少空間還行。

這個空間原本也是汽車美容的店，所以很多規劃可以沿用，我抬頭看著休息區另外隔的木作小房子，拿來阻隔空壓機運轉聲音的這空間，不行，機器沒得散熱，得拆。在店面裡頭得像五百障礙賽一樣左右閃避，裡頭垃圾實在太多，看得出來之前的經營者沒有好好經營。這是一種很奇妙的感覺，看著這些被遺棄的東西彷彿可以還原當時的事發經過。而且，應該也沒有好好跟這個店面說再見。

夏天還沒來，燠熱的鐵皮屋已經暴躁得讓我想哭。決定租下來之後，房東露出很慈祥的表情，那是從一開始就沒有過的，讓我升起了些微的希望。「不知道可以給我多久的裝潢期？」我問。房東似乎很急，揮著短短指頭的手，笑著對我說：「半個月很夠了。」

我笑了笑，半個月，很夠了。告訴學弟只有半個月的裝潢期，身為股東的他沒有多說什麼。我們真是太年輕了，連稍微拉鋸一下的勇氣都沒有。或者說起來是單純，認為只要這樣做下去，很快就會一切圓滿，順理成章。那信心不知道從何而來，現在回想起來，大概就是「頭洗下去了，不得不繼續」的感覺吧。然而光是整理廢墟裡頭的雜物，以及手動拆除那間奇怪的小木屋，就花了一週。找人來報價水電、木工、玻璃等等，又花了一週。接下來就是漫無止境地等待以及燒錢。

這個像廢墟一樣的店面，最終靠著我與父親兩人慢慢收拾乾淨。已經發霉的人工草皮，父親用砂輪機，也就是俗稱「輔練打」的機器將已經陳年的膠割開，而我在旁邊撕掉。那種感覺如同在跟地球拔河。你得兩腳平穩地站在地上，兩手戴著棉質工程手套，把牙苞咬得鼓鼓的，奮力往後傾倒才能撕開。撕除人工草皮的過程，我總替這個草皮不值。雖然不是真的草，但活在這世上也算是沒有白來一趟，在這店裡任車輪輾踏，車上的汙水灌溉，這輩子被造出來竟然也沒多晒幾天陽光。

外頭的陽光正好，這缺電的鐵皮屋子裡倒是幾乎伸手不見五指。只有父親臨時接的電，搭接上一顆燈泡這樣應付。紅銅色的電線外露，非常危險。父親接電的動作很謹慎，黑色的電火布（絕緣膠帶）用很不像話的細緻程度纏繞著，猛一看以為是藝術品。即便是這種小地方父親也沒有放過，即使我們心裡都明白，幾個小時之後完工，這臨時搭接的燈泡還是要拆的，無論電線上面的電火布纏得多麼漂亮。

草皮除完，整片攤在地上，我與父親手腳並用將它捲成一捆，隨意扔在外邊，等待著公所清潔隊過來處理大型垃圾。可憐了這麼一片綠油油，製造出來就為了讓人踩踏讓車輾壓，到結束了生命週期還被捆著。動彈不得也罷了，外頭的風光明媚看來它也沒機會再見識了。

而那間木屋，則是我看過最神奇的畫面。父親沒有使用任何電動工具，只有一把榔頭與一支一字起子，就讓木屋消失了。我負責扶著鐵梯隔音棉就已痛苦萬分。漫天飛舞的黑棉，碰到了皮膚會扎進去，很癢，非常癢。想必站在最前方的父親，更是難受。站在俗稱「馬椅」的工作梯上，年過六十的父親渾身散發著熱氣。不單純因為五月酷熱的天氣，而是父親的身上有一種熱情。

我仔細看著父親拆除的大業，找到木工裝潢的接合位置，奮力插入一字起子，斜斜地如打樁一般將榔頭敲在一字起子上，起子左右擺動拉開空間，拉出起子之後以榔頭敲打，左敲敲右敲敲。「這樣敲的用意是什麼？」我問父親，父親從馬椅上低下頭看我，沒有多說什麼。如此不斷重複，皮膚整片整片紅癢，霉臭撲鼻。中間有一度，榔頭敲歪了，似乎砸在父親拿著起子的手。父親悶哼一聲，拿著起子的左手甩了一甩，隨即繼續敲打。

接下來幾年的洗車工生涯，我經常遇到無論身體或者心靈都到了臨界點、疲憊無力的時刻，總會想起父親舉起左手，隨意地吹兩口氣。這樣一個動作，身體也好心靈也罷，得到了救贖。再難過不過吹兩口氣，接下來該弄的還是得弄，該解決的還是得解決。

木屋的殘骸堆滿了休息室，我讓父親去休息喘口氣，自己拿著黑色的大塑膠袋裝好。木屑、隔音棉扎得手都痛了。那種癢不能抓，父親說，愈抓棉絮會扎得更深，讓我結束之後去好好洗臉洗手。

這間店究竟是我的，還是父親的呢？當時我只覺得受到父親的幫忙了，現在看起來，似乎不只如此。母親幫忙聯絡了公所，大型廢棄物必須讓清潔隊來處理。已經退休的父親氣喘吁吁，卻像個孩子一樣跟我炫耀，像這樣拆除木屋，對他來說根本不算什麼回事。那時候，我信了。

牆壁拆除了不要的櫃子，有洞，我認為拿海報貼起來就得了，父親隔天卻拿了補土，一個洞一個洞幫我補起來。不平的地方，就再次請出「輔練打」來磨平。就像個男孩看著男人做事一樣，父親沒有讓我動手，或者嫌棄我動手不如他自己來得快速完美。時至今日，我還是不大會使用砂輪機，而要我用榔頭跟羅賴把拆掉木屋，我只會白眼你，跟你說聲「別鬧了」。

那時店門口左側有一棵樟木，並不粗大，直徑約二十五公分左右，以樟木而言算是年輕，仍舊有淡淡的香味，炎熱的時候更是。鄉公所說，因為人行道工程結束之後，那棵樹目前沒有列管，所以沒有養護單位，也因此無法協助移除。如果阻礙了店面進出，必須自行設法解決。一天晚上，父親讓我找了幾個朋友，帶著鋸子、繩索，在午夜時分開始了浩大的砍樹工程。

鋸子要斷開樟木的樹皮很困難，這才知道原來鋸身在砍出的木溝裡面是很難移動的。伐木工人真是了不起。

「那邊拉著，我從下面再鋸開。」父親指揮著所有人，我已經忘了當時我負責什麼，只記得雖然沒有違法，但是警察經過的時候大家還會裝作沒事，好像幹著什麼見不得人的事一樣。木屑一樣刺進皮膚，但沒有拆木屋時候隔音棉來得惱人。收拾殘骸的時候，我留下了一小段樟木，十八公分高，據說可以除蟲，放在員工休息室的廁所裡面。後來被師仔拿來挖洞做了一個菸灰缸，使用至今。

每當所有朋友在讚嘆父親的強大之時，我總是一副少見多怪的樣子，對著他們把一個榔頭、一支羅賴把拆房子的事情說了個透。「怎麼樣，我爸厲害吧？」我當時應該是這樣的態度。大家跑進店裡看著被拆除乾淨的休息室，真心也好，敷衍也罷，說出了些恭維父親的話語。我很驕傲，好像自己成就了什麼事情一樣。

父親退休之後有事做，眼神發光。我說服自己，那也是孝順的一部分吧。事實上，我的軟弱以及無能在父親的身邊顯得更加輪廓清晰。這幾年來我從來沒有回想過這一幕幕，任憑歲月在前面勾拉自己，不敢想也沒有機會靜下來想。直到今日。

從小我在家裡被保護得太好，需要過多的體力勞動，父親總不讓我來。念大學以後，父親覺得我這個兒子，只要不像以前一樣當「歹囡仔」就謝天謝地。高中時候我不愛念書，每天跟外面的朋友混在一起，曾經因為帶著違禁品去撞球場尋仇被逮進警察局，後來還是母親去學校拜託半天我才能夠繼續念下去。最誇張的一次，放學路上被人堵到，拉到山上去痛打一頓，最後因為有人報警才被放回家。那天我滿臉是血，走回家的路上看到的路人大概都嚇壞了。最後在快要到家的時候，恰好遇上焦急的父親外出尋我，原來學校已經知道我出事了，打電話到家裡。後來，父母只要我每天下課不要滿臉是血地回家就算是祖先保佑了。

而後我開始寫小說，當了作家。或許對於父親來說，不要跟他一般「做工仔」就是給他最好的回報。當個打字的，怎麼樣也比像他一樣每天揮汗如雨來得輕鬆。但不知道為何，父親對於我開洗車場，乃至於後來自己下場動手、真正成為洗車工，一點兒也沒有母親那種排斥感。或者，是父親見到了自己的兒子，如同他一樣，咬著牙可以像個男子漢，也證明了他的人生並不是完全的徒勞，體力的工作，在我的身上也萌芽了。彷彿繞了一大圈對父親的認可，對父親過往接受到的眼光的一種救贖吧。

●

前些日子家裡需要拋棄一些舊的家電家具，我回家整理。父親看著我，對著母親說：「這些我都沒辦法了，要讓你兒子來搬。」

我笑了笑，讓父親不要忙。即使是小台的電視，我都親自搬。當我扛著這些雜物走下窄窄的透天樓梯，父親幫我移開前方障礙物的時候，我很想跟他說聲謝謝。但是我沒有，我只是低著頭繼續搬。父親有時想幫忙搬一些體積較小的家電，我會佯裝生氣，讓他去幫我看好行進路線別讓我踩到撞到跌倒，重物交給我。

老爸，重物交給我好嗎？你搬一輩子了。你們都搬一輩子了。

人說成年男子會有父親的影子，書裡總有父親替孩子搭建樹屋、組裝玩具，以前讀起來覺得一般般，小說內的感情如此沉痾，如此慣常又不獨特。然而成年後的我，父親卻幫我拆了木屋、砍了樹。而我只是在幫忙搬動沉重的家電時，告訴父親那根本不算什麼回事。如同那天，父親用榔頭與起子幫我拆掉木屋一樣的表情。吹一吹被榔頭敲到的左手，沒事。

當兒子的，當兒子的啊……

洗車就那麼簡單

魔鬼藏在細節裡。這句話是真的。

「所以，鍍膜到底是什麼？」

水電師傅周哥問我的時候，正忙著將飲料遞給其他師傅的我，嚇得飲料差點兒都脫手了。這是我第一次對著陌生人嘗試推銷，雖說只是練習，也讓我不由得想起過往剛開始寫小說，由於每天都很興奮，經常對著家裡的狗狗說鬼故事的那段時光。我結構了很久，把這種取代傳統「打蠟」的汽車保護方式敘述給周哥，也許七零八落的，但總算是完成了莫名其妙的第一次。在籌備開店的時候，我告訴身為股東的學弟，因為寫作的關係，我或者每月只能到店一百二十個小時，同意了我們才開始。得到諒解之後，本來就只想當個幕後出資老闆的我，還找了阿愷來協助。

我只是想當個投資的小老闆，超級簡單的初心。從一開始買了新車，開始小改裝也認識了一些朋友，總覺得這樣的生活可以很愜意，可以輕鬆賺點小錢小投資。

最起始時候，店面現場我負責，而確實的施工技術，則是讓學弟以及阿愷去學習。我偶爾裝潢一段落，沒有特別要緊事的時候會去大哥的店，也就是培訓的現場練習，然而一個月下來我的功夫停留在挖輪圈而已。阿愷是我從小一起長大的夥伴，潔癖。所以非常適合這個工作。

剛開始，我們對於「規劃未來」這件事有著超乎尋常的熱愛。總之是一切都還沒有影子，我們卻經常想站在萬眾矚目的講台上，大談自己對於這個工作，或者說這個事業的未來展望。就是在那時候，阿愷問了我。

「對於汽車美容這個工作，我們要的究竟是什麼？」

阿愷問我的時候眼神是有熱度的，我告訴他，那是一種信任的交付，以及美好的完成。最後，當然還是賺錢。阿愷不知道聽懂了沒有，但那時候他眼神裡的那種熱切真讓我覺得，這個工作找他太對了。太完美了。

相對於現在已經非常習慣空壓機，也就是俗稱「空不累傻」的啟動吵雜聲，那時候的藍圖很安靜。安靜到了一定的程度，就吵。從靈魂開始震動的那種吵，整天轟隆隆的。而阿愷最後陪了這間店約莫半年。我似乎忘了告訴他，後來我發現我們要的其實僅只是賺錢，僅只是在這個地方拚搏一個棲身之地，苟延殘喘。

總之，後來碰見了木工師傅，我便也給他講，泥作師傅我也亂說一通，做招牌的大哥更是被我講到請我去海產攤喝酒，讓我一次說個痛快。的確，洗車場正式開幕之後，前面幾台鍍膜車都是我談成功的，如同運籌帷幄的大將，永遠可以將大方向規劃得很好。只是沒料到，我親自下手料理一台車，會來得這麼快。那是六月中，很熱。

●

第一台我自己完成的車，在我很生嫩的時候。通常開幕前幾台車都是周邊朋友或者親戚的，一方面練手，一方面捧場。在工具、動線完全不熟悉的狀況之下，那天我簡直累壞了。車子早上九點就進來，我獨自一個人出發。這趟冒險的旅程，最開始就是沖洗車身以及輪圈。光是沖車就有學問，必須從上到下，橫擺的方式沖水，不是像網路上表演的那樣，手快速來回抖動好像中風一樣。專業洗車店的高壓水槍很危險，我的水槍是五馬力的，沖水的時候只要不小心手太靠近，水刀劃過，就會出現武俠小說中快刀劃過皮膚的白痕。那是血還來不及流出來的樣子，初期我經歷過四次，每次都痛。

洗輪圈、車身，我的鞋子就幾乎濕透了。洗車身要謹記從上到下，上車身洗完，腰線以下要換下車身海綿，避免較髒的下車身粗大髒汙砂礫摩擦上車身。洗車有個訣竅，盡量使用大肌群，例如手臂可以不動，用腳移動來拉開範圍。畢竟洗輪圈等等細緻的工法，都需要小肌群的幫助，如果小肌群過度勞累，一整天下來沒有人受得了。

汽車清潔有一個重要的環節，是去除工業落塵。車子只要在戶外使用，空氣中會有一些落塵鐵屑沾染在車身上，摸起來會粗粗的，那是單純清潔無法搞定的。這個時候需要使用黏土，真的就像小時候美勞課的黏土一樣，只是用來黏除車上的鐵粉。在那之前會先噴上一些去鐵粉藥水，碰到藥水那些鐵粉就會變成紫色的湯流下來，全室外車會更明顯，這時候拿黏土去摩擦，如同橡皮擦一樣將鐵粉黏走。

那台車是白色的ＢＭＷ Ｍ3，一台要價將近五百萬。那天客人等到了下午三點半，我才勉強將車子搞定。白色的車子鐵粉會特別明顯，一點一點黑黑的，非得要眼睛湊上前去仔細看才可以沒有遺漏。而車身下緣會有很多從地面捲起的瀝青沾附，那就非得用去除柏油的藥水慢慢擦拭才行。太頑固的，還得用指甲去摳，並且小心不能摳壞了車漆。全部清洗完成，將水盡量吹乾，光是一台車要吹乾到不至於大量滴水，恐怕需要十五分鐘左右。

吹水也是個技術活，當然對於洗車師傅來說稀鬆平常。洗車場裡頭處處是危機，看來貌不驚人的風槍，其實是很危險的。風壓很大，我曾經因為吹水的時候有沙子噴到臉上，想拿風槍稍微吹一下，不過輕輕一按，還沒按到底，我的臉就破皮了。千萬不要以為可以拿來開玩笑，例如塞進別人屁股裡面，或者嘴巴裡面，或者靠近耳朵，那會重傷，甚至有生命危險。每次有新進同事，總會特別叮嚀他們這些危險。所幸從開始就恐嚇他們，直至目前十年過去，還沒遇到那麼白目的。

吹水一樣從上到下，引擎室裡面也要吹水，輪圈螺絲洞、門縫以及車牌後方、油箱蓋裡面、後視鏡，這些地方不可遺漏。吹到隙縫時風壓造成的噪音非常刺耳，如同這樣的生活一樣。吹完水之後，將車移到後面，還得拿著拋光機將車漆基本拋光，如同去角質一般。拋光機分成三種運轉方式，最常見的就是「CYCLE」式拋光機，不會用的人剛拿機器，海綿一碰到車子就左右打飄，甚至敲壞車漆。拋光時必須將電線背在肩膀上，避免機器運轉的時候將電線捲入軸心，整個人或者就被纏住，輕則扭傷，重則骨折。看起來整間汽車美容店都是地雷，隨便來上班都會住院十天八天，事實上只要按照規矩，不要白目，這些事情很少發生。拋光機捲線目前只發生過一次，那個員工也是手腕扭傷、制服捲破而已。

全車拋光完成之後，接著再將車身上所有殘留的拋光劑擦拭乾淨，才能上保護劑，均勻塗抹完再將保護劑擦除。此時外觀從洗車開始，來來回回已經觸摸了超過五次，用來確保我們施工不會遺漏。外觀全部結束之後，必須將內裝吸塵、擦拭，接著上水性的皮革保養劑，最後上輪胎油，一圈要均勻完整不可以缺漏也不能夠太濕，避免車輛開動捲起來噴在車身。

輪胎油上好，必須再次清潔、檢查鋁圈，接著將車門打開，所有門邊隙縫擦拭乾淨，油箱蓋也得打開處理。最後，將內外玻璃擦乾淨，順便將外觀再次巡視一次。擦玻璃拿布這方面，還有一些訣竅。一塊布對折兩次，拇指以及食指的虎口處，夾著折起來的四個角，這樣布才不會一直散開。玻璃清潔劑噴在布的單面，濕的擦過玻璃之後，再以乾的布面擦拭乾淨，以免留下擦拭痕跡。

即便已經跳過了最需要經驗以及技術的拋光過程，這些流程仍舊繁瑣得讓人絕望。如果不是這麼令人絕望的繁瑣，車子就沒辦法盡可能還原成本來該有的樣貌。這修復的過程是神聖的，就像面對貴重的文物。而客人的車無論高貴或者平價，施工方面絲毫沒有不同。

修復時，會有一種莫大的成就感。當外界只關注在產品的表面是否無瑕，修復師卻是將文物視為自己生命，將其視為年邁的病人，悉心呵護。

——文物修復師賴清忠

後來我讀到這段話，那一夜我失眠了。

我一直沒有機會告訴阿愷我所認知的洗車業是什麼，未來也沒有機會說了。

我發現所有的事情都一樣，必須要藉由不斷反覆的動作去熟練，然後變成經驗，變成了一種從身體開始的自然動作，不需要經過大腦，身體會告訴你一切。我的夥伴並沒有閒著，他們在後頭忙著另外一台車，就這樣孤軍奮戰，倒也體會了很多事情。獨力施工過程中我並非沒有動念向兩個比較熟練的夥伴求救，但不知道為何，本來只想出錢當老闆的我，當時有點嚥不下那口氣，就是想要獨力完成。本來是出錢當老闆的，卻當起了工人。

接下來的新進員工，或者所有的同事，大概都不會遇到我這種，在毫無經驗之下獨力蠻幹的狀況。這經驗就顯得彌足珍貴。因為如此蠻幹，我才發現洗車其實跟人生一樣，如果前面清洗的時候做得夠好，後頭就不必拚命解決前面遺留的問題。如果前面瀝青有撿除乾淨，拋光的時候就不會因為一顆大大的柏油殘留而苦惱。也因為不熟練，多了太多無意義的重複動作，所以我學會教育同事，洗車要從上而下、由內而外，才不會下面洗乾淨了，上面的髒汙又流下來；也不會輪圈外頭洗乾淨了，裡面的髒汙又跑出來。人也一樣，裡面乾淨了，才不會把外頭洗好之後，輕易又從內部跑出髒汙來。

以鋁圈而言，骨爪後面的髒汙，的確是比外面的嚴重許多。看不見，所以多半很少清潔，也特別容易疏漏。又因為特別容易疏漏，所以往往特別髒。反過來說，因為特別髒，所以下意識會「不小心」漏掉。在別人那裡漏掉的、沒有清潔到的，就是我們要做的。人生啊。

「下一次有客人在現場等的時候，我希望大家先一起幫忙，避免讓客人久等。」休息時間，我對著兩個夥伴說。雖然口氣還算和緩，但是內心因為疲憊而來的火山卻在蠢蠢欲動。

兩個夥伴沒有多說什麼，我安靜地抽完一根菸，打開他們正在施工的車子引擎蓋，慢慢將引擎室裡面擦拭乾淨。引擎室內由於油汙、油氣，加上進氣口會吸入大量灰塵的緣故，骯髒的程度不亞於鋁圈。我拿著布、用九五無鉛汽油擦拭。汽油是很好的溶劑，可以去除車身上面頑固的油性汙漬，但是只有九五比較有用，其他的功效比較差。

九五味道很重，煩躁的心情也開始爆發。

「我寫文章兩個小時就可以賺入幾千塊錢，偏偏在這邊把手弄得那麼髒，就為了扣掉成本只賺那一點屁錢？」我將布用力摔在地上，兩個夥伴看著我，沒有說話。我是笑著的，但笑容裡面滿滿的真怒。這樣的開玩笑方式很拙劣，但我無力隱藏。

對於那樣因為炎熱，以及不熟悉的體力大量勞動而來的憤怒，我感到陌生。我好像看見了另外一個自己，從來沒有出現過的自己。阿愷過來拍拍我，讓我去休息一下抽根菸。我搖頭，默默拿起地上的布，回來繼續擦拭。

六十坪左右的空間，當時音響喇叭還沒有完成，沒有音樂的輔助讓空氣更顯膠著。偌大的空間裡頭雖然有拋光機運轉聲，偶爾傳來的氣槍尖銳噴氣聲填滿了上空，卻仍舊讓我覺得安靜得讓人難堪。我不懂如何化解這樣的尷尬，大家各自沉默著，明顯我搞砸了一些事，讓空氣都蒼白了。

「我覺得我們應該早點把音響跟喇叭裝好。」我說。

「沒有音樂真的怪怪的，阿愷，明天我們來裝吧。」學弟說。

然後我們聊開了，做著手邊的事卻完全沒有提及任何關於工作的事。就是打屁，聊客人，聊晚餐。風暴在洗車場特有的風槍聲以及拋光聲中漸趨平緩。

那天回家已經是凌晨時分，臨走之前阿愷湊上來，小聲地問我：「你寫文章真的兩個小時就可以賺幾千塊？」

我笑了，點點頭：「兩個小時大概可以寫兩三千字吧，一個字依照行情最少一塊錢，兩三千塊不成問題。」

阿愷回家之前，好像想通了什麼，跟我說了一聲「辛苦了」就騎著機車轟隆而去。

阿愷口才不好，腦筋動得也不是頂快，但在接喇叭線這事情上面非常拿手且熱衷，整間店第一次放〈卡農〉就是在他剛接好喇叭的那一秒。聽著〈卡農〉輕快的節奏，好像所有過程的辛苦都如過眼雲煙了。隨後音樂馬上切換成經典台語歌曲，氣氛立刻就high起來。

百廢待興之時最容易爭吵，對於洗車場來說，因為燠熱且吵，起始時施工的不熟練讓我們幾個壯漢似乎隨時都想拿起武器決鬥。所以音樂真的重要很多，如果一整天施工時沒有音樂，氣氛會莫名僵硬起來。音樂就像調節器，唯有超脫於現況的音樂才能緩和那種反覆勞動的焦慮。

十年來的統計，當有同事因為工作爭吵的時候，最適合的音樂是佛經，通常一放爭吵就會消停。平時就放流行歌，我心情不好的時候就放我學生時代的流行歌，他們就會知道今天不要太皮。工作到很悶的時候，請放「伍佰&China Blue」，只要放到〈被動〉，大家就會在間奏的時候，跟著伍佰老師一起喊：「李維！」然後聽著間奏的solo，空氣張狂起來。

幾個像還沒長大的大男孩一般的傢伙，最後順利度過開幕期間的瘋狂，主要還是因為懷著夢想。雖然一切不熟練，一天、兩天，一週、兩週，總會熟能生巧。雖然彼此不曾那樣長時間相處，久了總也會磨合。
更重要的，其實是因為有「大哥」的存在。

我不做大哥好多年

這個老是自稱大哥的人，卻怎麼也無法讓我們尊敬……

這大哥不是什麼黑社會的社團大哥，也不是什麼德高望重的前輩。年紀比我大不了幾歲，不是我們主動這麼稱呼他，而是他總是用很奇怪的說話方式，諸如「大哥這樣告訴你們，你們要聽進去……」這種自稱的方式，洗腦似的讓年輕人不由自主跟著這樣稱呼他，藉此達到身分上的心理暗示。這是很簡單的階級壓迫，沒有見過太多世面的人特別會不由自主跟著做，這種毫不抵抗的從眾心理，在勞力工作行業特別鮮明。

這個大哥自稱以前是教導心理學跟行銷方面，後來經過查證，除了當過幾年的志願役士官還可以說嘴之外，開洗車場之前是幹直銷的。難怪，說起話來渲染力十足，總讓我覺得他有一種很強大的催眠自己的能力。

學弟從善如流，阿愷不懂拒絕，他們兩個後來告訴我，在培訓的過程中遇到了大哥，也是乖乖這麼跟著喊。只有我，自始至終都是叫那個所謂的大哥本名，打死不可能開口叫他一聲大哥。沒想到過去這麼多年，將這段過往寫下來的瞬間，我竟然選擇以這兩個字作為此人代稱。或者算是另類的還願。阿彌陀佛。

●

大哥是我加盟品牌當時的經銷商，皮膚頗白，中等身材偏胖。可能習慣大聲說話，或者指點自己店裡的員工，或者習慣性對著我們這些加盟店說著不著邊際的鼓勵的話，手勢以及語氣非常生動，彷彿默片時代，穿著燕尾服戴著高帽子的英國紳士一樣，嘰哩咕嚕嘰哩咕嚕地，嘴巴動個不停，我卻總不明白他要表達什麼。

兵荒馬亂的開幕籌備期間，我們最常逗留的地方其實不是裝潢中的自己的店面，而是大哥的店。偶然幾次遇著他（多數時候我都待在店面盯著裝潢），我幾乎都是蹲在他的店的洗車區，洗著輪圈。輪圈是特別髒的部分，那時候我發現，大哥的手指頭格外乾淨，不如正挖著輪圈的我。

「大哥跟你說，鍍膜這種最新的汽車美容，最基礎還是工法，施工做得不好，什麼了不起的產品都是沒有用的，就這麼簡單。」大哥把我拉進休息室，倒了一杯水給我。我忍耐著雙腳的痠痛以及還沒洗手的骯髒難受，對著他笑了笑。

剛開幕時，大哥來店裡看我們的狀況。當時正做著一台鍍膜車，客人在現場看我們施工。大哥指點完店裡的狀況之後，看著鍍膜車，從阿愷手上接過拋光機，現場就要示範給我們看。然而客人在現場，他這樣當場示範，顯然就是下馬威，讓我們的專業度在客人面前打了折扣。這還不打緊，他一邊示範，一邊講解，過程中拋光機敲到了車子的後視鏡。人生最怕就是空氣突然安靜，最怕朋友突然的關心。那瞬間我發現客人的臉都綠了，大哥把拋光機交回阿愷手上，多說了兩句之後就倉皇離開。離開之前我叫住他，看著他尷尬的臉龐，我覺得像初春的驕陽。

我問他：「那個紅外線短波烤燈，我在網路上有看到比較便宜的，可以自己買嗎？」

「不行，」大哥伸出右手，像推拒著一道石牆，「烤燈必須配合我們品牌的標準色，上面還要有我們品牌的LOGO才行。既然是一個品牌，就必須要有統一的向心力，這也是我們的形象，就這麼簡單。」

幾天之後，大哥與我約好下午兩點，烤燈的老闆會帶著烤燈到我店裡安裝。當天大哥與烤燈老闆出現的時候，我皺著眉頭看著。學弟把我拉到後頭休息室內，抽了一根菸，有點不知所措。

「欸，好像跟說的不一樣。」他說。

「怎麼回事？」我看了看外面正忙碌著的烤燈老闆，以及講著電話的大哥，轉回頭來，學弟正把菸熄了，順勢再點起一根：「烤燈不太對。」

我走出去，指著烤燈：「老闆，怎麼不是原本的顏色？」

烤燈老闆有點不耐煩，正安裝著烤燈，用下巴指了指大哥：「你問他。」

等大哥講完電話之後，我雙手抱胸：「烤燈怎麼不是你說的顏色，而且上面好像也沒有我們的LOGO對吧？」

「這個是最新的型號，LOGO的部分，到時候我會給你一張大張的貼紙，你再貼上去就好，就這麼簡單。」大哥下巴微微仰起，一副理所當然的模樣。

「可是這樣跟我在網路上看到的是一樣的，網路才賣四萬多，這一台你要跟我收六萬多，差別在哪裡？」

這時烤燈安裝完成，老闆在一旁跟學弟解釋操作方法，我也跟著走過去聽著，沒多久，大哥就說自己還有事得去其他加盟店，就這麼離開了。

烤燈老闆看著大哥走，感覺有點心慌，我特別拿了一罐飲料給他，問他為什麼這一台這麼貴，有什麼特別的功能，例如可以變形還是拯救世界之類的。老闆突然間氣急敗壞，操著一口台中腔的台語：「價錢都是一樣的，你被收多少錢我不知道，但是吼，他跟我多拗了一台免費的，然後給你們賺這麼大，我實在是吼，不知道要說什麼……」

好的，經銷商中間會賺一手，這個我沒意見，四萬多變成六萬多，小意思。可是因為跟廠商多拗了一台免費的，導致廠商直接跟我嗆明接下來保固看情況，維修求神保佑，這個我就很不能接受了。大家都是一台一台在施工的艱苦人，紅外線短波烤燈是必需品，雖然後期很多店家開始模仿，打個蠟也要烤個半小時，但事實上針對我們品牌的二氧化矽（也就是玻璃）硬化型鍍膜，剛施工完是沒那麼快完全結晶，尤其北部多雨，必須透過紅外線加速硬化鍍膜，短波比較容易穿透結晶層內部達到加熱硬化的波長。

在這麼關鍵的器材上面被擺了一道，學弟跟阿愷都很氣憤，我倒是平靜了許多。回想起大哥那白白乾淨的手指，我意會到了一些事情，商人與工人終究有著一道溝，沒有人想當個純粹的施工者，這個店要生存下去，在商人這個環節勢必要表現精彩。但，那樣的精彩，恐怕會螫得人皮膚疼痛。

因為烤燈事件，最終我決定反映給品牌總代理。總代理經常在中國大陸忙碌品牌拓展，得知了這件事，回台灣後也找了烤燈老闆一起到我的店裡，一半拜託一半恐嚇地讓老闆同意幫我調整烤燈，以及保證後續的保固維修問題。大哥倒是被糾正了，此後我們開始有意無意地被針對。

說來好笑，這可不是什麼年收入幾千萬的行業，不過是洗車而已。旺季的時候，跟大哥叫的貨總是東缺西漏，別的店家不管怎麼臨時叫貨倒是樣樣齊全。我脖子硬，向來也不怕直說，詢問了大哥，得到的是「店家平常自己得要備貨，就這麼簡單」這樣的答覆。我看著學弟以及阿愷，三人坐在休息室抽著菸。對於大哥的作為，我們倒是同仇敵愾。在創業之初，能夠有個共同的敵人，真正是度過這段時光最重要的元素。

外部的壓力，可以讓內部緊緊團結。我經常在想，如果當時沒有大哥這些荒腔走板的作為，我們會不會很快地就發生難以彌補的衝突，以至於這間洗車場才萌芽就被扼殺在往來的摩擦當中？

「既然要我們備貨，我們就來備個猛的，你們覺得如何？」

石英鍍膜三罐、水晶鍍膜五罐、鑽石鍍膜兩組、鋁圈鍍膜七組。這個量一般店家大概可以用半年以上，這麼荒謬的建議，得到了認同。我們三個如同打了勝仗的猴子在店裡歡呼，認為這一次肯定可以反擊成功。

一週之後，貨到了。

我們誇張的備貨，拿到的卻不足三分之一。

我氣急敗壞地打電話去詢問，大哥的聲音在電話那頭輕鬆愉快，彷彿這一切理所當然一般：

「大哥這邊的貨要發給很多店家，你們這樣的叫貨沒辦法平均分配，之後再慢慢補足給你們。」

「之前要我們自己備貨，所以我叫多一點，結果你還是沒有給我足量，所以不管如何就是貨都不會給我們的意思囉？」

「你先不要生氣，下個月我就會全部給你補齊，大哥這邊的庫存也要留著讓其他加盟店有保障，所以——」

「所以你的意思是，你平常也沒有足夠的備貨，之前卻反過來要我這個加盟店備貨，然後我要備貨的時候還是拿不到的意思嗎？」

這通電話結束得並不愉快，身為一個作家，幾年來還真不曾在工作上與任何人如此針鋒相對。那個下午，所有人都氣得不知道怎麼辦，現在回想起來雖然是小事，在當時卻是值得全力捍衛的尊嚴。

憤怒上了頭，我們決定等他下次送貨過來的時候，拿著從家裡帶過來的球棒伺候他。我還煞有其事地吩咐阿愷，那個自稱大哥的進來之後，鐵捲門記得關上，來了就不要讓他走了。但事實上，那一次送貨來的是他老婆，球棒乖乖放在角落，鐵門也沒有關上。畢竟我們都明白，那扇老舊的鐵捲門，光是要全部關上大概要一分半鐘，這段時間人都可以跑到別的村子裡，生火烤肉都沒問題。

學弟清楚，阿愷應該也明白，我們就是自己捉弄自己似的說著玩，煞有其事，等大哥的老婆離開之後，我們勉強裝了一下無法得償所望的憤慨之後，自己笑開了花。最好是球棒啦。最好是真的關門放狗啦。

我問阿愷，記不記得我們小時候坐補習班的交通車，老師在路上跟人有點摩擦，我們幾個小毛頭在車上，唱起當年最紅的洛城三兄弟「L.A. Boyz」的〈好膽嘜走〉。阿愷笑了，我也是。

不知不覺之間，我漸漸帶入了洗車工的這個身分，並且覺得跟著自己的夥伴一起傻氣地亂來。很好。挺好的。

大哥最後離開了這個品牌。說是被總代理趕走的，好像也不是。不知道是否因為與我們的衝突愈來愈大，而總代理看出了大哥一些做法不僅僅不道地，還嚴重危害加盟店家的權利，開始對他有些要求以及限期改善。然而，好心有好報，壞人有惡報這種事情除了童話故事會出現，現實中根本就是狗屁。更重要的，隨著我年紀的增長，才發現人的好壞很多時候是因為立場的不同而已。除了真正作奸犯科、貪贓枉法以外，你眼中必須要有報應的人，往往都過得很好。即便經常看見他做些違背良心的事，說違背良心的話。

也許大哥被逼急了，覺得自己在品牌的至高無上地位岌岌可危，便開始拉攏其他與之交好的加盟店，私底下開了一場批鬥總代理大會，試圖讓加盟店聯合起來對抗總代理。與會店家中有不認同的店家發言，大哥甚至動手揮拳相向。大哥想藉此讓日本的總公司拔掉總公司的代理權，這個想法實在有些天真，日本人做事有時候不看你能畫多大的餅，而是長期合作下來有沒有基礎的信賴。大哥被拔掉招牌退出這個品牌，從此以後過著淒涼慘澹的生活。逛百貨公司被狗咬，買菜的時候脖子扭到，高速公路上面車子沒油。沒有的事。

他成立了自己的品牌，創立之初，加盟店家甚至比我們還多，我們這才發覺他早有意自立門戶，連品牌網址都早就註冊，品牌名稱也早早登記完成。的確不公平，憑什麼在我眼中那樣背信棄義的傢伙可以大展鴻圖呢？還是這個人吃人不會吐骨頭的社會，就是要那樣的人才會賺錢、才會成功？

我看著這一切的發生，即便是當事人，都覺得這個世界太瘋狂、太不講道理了。那樣滿嘴喇叭花的人，那樣沒有下限的人，為什麼會一帆風順賺大錢，還騙得一堆人死心塌地追隨？

回頭想想，真的是太天真了自己。光是立場的不同，對於事件本身的解釋就不一樣，生意場上合則來不合則去，要怎麼賺錢各憑本事，就算真的與自己理念不合，頂多告訴自己，未來不要當那樣的人就好。

後來我對大哥漸漸沒了那樣的敵意，偶爾還會感謝有他的存在，讓我很快在生意場上成長，也從他身上學習到很多。在憤慨的時候總會忽略了被幫助的種種，不管幫助的目的是什麼，總是有所收穫。

而他的離開，最顯著的就是少了共同的敵人，少了明確的同仇敵愾，內部就開始浮現問題。在那個時候，第一個店長走了，我從小一起長大的夥伴。阿愷。

老人與海與我

這天，我有預感將從此失去一個很好的朋友。我拜把的兄弟。

這家店最多人的時候，加上我有八個人，最少的時候只有兩個人。阿愷是第一任店長，他離開那一天是陰天，那個月的十一號，開幕半年左右。店裡加上他一共四個人。他走了以後，就剩下三個人了。

從這間店開張以來，最常被問到的問題有兩個，第一個是，為什麼要開洗車場？這個問題在我耳裡，聽起來總像是你玩夠了很快就會關張了吧。第二個就是，為什麼我不是店長？

真要說起來我也是可以擔任店長的，這個行業的老闆就等於店長，或者也可以當個副店長，讓當時的股東學弟當店長。首先我就覺得「店長」這兩個字太拙劣，每次聽到就像被困在一個竹編的籃子一樣很不舒服（偏偏這籃子編得還密，逃了這麼些年也沒逃出去）。後來也認清了自己有一些不服輸以及雄心壯志，總覺得我應該可以多開幾間的，我的才華能力可遠遠不僅只於此。

後來我的確開了第二間店，不過那是另外的事了。最重要的其實是，讓有心的員工，或者真的很認真的員工擁有「店長」這個頭銜，往往比什麼都重要。有時候加班很累，但是你喊他一聲「店長辛苦了」，一切都很值得。當然記得加班費要依照規定支付。有客人來的時候，你回頭大喊一聲「店長，有客人」，那對於他的身分認同以及工作成就感可是又無敵加分了。既然如此，店長這兩個字在他們身上妙用無窮，何必留在我的頭上呢？

花了一點時間計算，這十年來我一共有過明確的店長是五個，阿愷是我認識最久，但是待最短的。他離開的那天恰好是發薪水的隔天，我猜到可能對薪水不滿意了。員工置物櫃只有一個有鎖，鑰匙在阿愷身上，那個櫃子是他專用的。店內前一天有台鍍膜車剛完工等待交車，下班前鎖著了，再過幾個小時客人就要來牽車。車鑰匙，鎖在阿愷櫃子裡。這是慣例，確保車子的安全。

幾通電話找不到人，我的臉色想必很難看，一直到阿愷以一種非常不悅的態度回電，我只告訴他，鑰匙拿回來，客人要交車。中午過後阿愷來了，收拾了他的置物櫃。我把鑰匙拿給另外一個員工阿智，便坐在一旁靜靜地點了一根菸，一邊看著阿愷收拾。收拾完，他眼睛看都不看我一下，就像小時候生悶氣一樣，也點起了一根菸，自顧自抽了起來。

我與阿愷從六歲、國小一年級同班，認識到現在。在開店之前，沒事的時候就特別喜歡找他出去亂晃，我買新房子頂樓的喇叭也是他介紹我買、他給我裝的。就像店裡的喇叭一般。熟識於孩提時期，自然彼此都是知根知底。國小時候因為學校太小，低年級升旗都是在走廊，我與他的交情強烈到，他人生第一次升旗昏倒（也不知道後來有沒有第二次）就是倒在我的腳邊，老師還因此誇獎了我，要不是我的破球鞋擋住了他的頭與地球的親密接觸，阿愷的綽號就要改成「刀疤愷」了。

從小他就好勝，國中時期雖然我倆不在同一所學校，但補習班還是在一塊兒。阿愷每次在補習班跟我校的固定那個同學起衝突，總是會雙臉漲紅，那個時候我都會想起小學時他「撲通」一聲倒在我腳邊的樣子，所以就會過去幫忙。簡單來說，他的臉其實藏不住心事，而一急起來又特別說不出話來。

會找阿愷來工作，主要也是我跟他都喜歡車，有極度潔癖的他曾經跟我說過，如果有一天可以開洗車場，那應該是很好的事。這店裡的油漆還有很多是阿愷跟我一起刷的，那個藍色在這個陰陰的天氣看來分外讓人憂鬱。砍掉門口那棵樟木那天，阿愷晚上要上班。在來我這裡之前阿愷是藥局的藥助，經常是上夜班。因為錯過了砍樹，隔天阿愷還很不服輸，認為如果他在場，砍樹肯定更加輕鬆。

開幕初期，阿愷因為工法最好，為人又龜毛，經常負責最難的任務，而由於他做事仔細，很多時候扛起了一片天。我是不服輸的，認為在技術上經常被阿愷暴力碾壓，本身就不公平，因為我少了開店之前的培訓。然而我明白，相較於喜歡摸東摸西的阿愷，在動手這方面我其實遠遠不如。所以我曾經在下班關鐵門之後，自己偷偷繞回店裡，關著門，悶著頭在裡面自己練習鍍膜的拋光。

與阿愷認識太久了，久到我都忘了，從小到大雖然嘴上不說，但我從來不曾想過自己有天在某一方面會輸給他。運動會跑步他比我快，我就禮拜天自己早起跟父親去爬山來回衝刺。跳繩他一分鐘比我多下，每天放學就看我在家門口不停地跳著跳著。這樣的狀況直到我們念了不同的國中之後才慢慢消失，競爭的心態沒了，換來的是一個彼此瞭解的朋友。

我看著這個身高不高，眉頭緊鎖的好朋友，心裡突然有點空，有預感今天之後我將失去一個很好的朋友，也是很好的夥伴。但不知道為什麼，那個時候我心裡竟然沒有一絲可惜。會不會就是因為這樣「不可惜」的態度，才能讓感性的我，在這麼多年的洗車工生涯，被這些爭執、離去、失望給傷害得體無完膚，卻還是能說服自己，明天會有不一樣的夥伴，而我將繼續堅持下去？

我猜我或許是一個很無情的人，所以總會在最末尾關鍵時刻，把現實擺在最前頭。然而看著眼前的阿愷，我又想起了他國中時候在補習班與那個同學的爭執，兩人鬧得不可開交的畫面。同一個人同一件事，不斷地在我腦海奔騰，偶爾都覺得自己要瘋了。有時候下課兩人爭吵完，我總會看見阿愷有點不知所措、有點沮喪的樣子，心裡有迂腐的「你必須自己面對，因為我也是」的那種堅持。即便真正爭吵的時候我是會幫阿愷的，但過後絕不安慰他。想起他滿臉漲紅的樣子，就開始有一點點討厭自己，即使明白他的無助，但我似乎只是眼睜睜瞧著，沒有在最後的時刻伸出我的手。

有堅持未必是壞事，這幾年下來我卻發覺，當下的堅持往往得不到想要的結果，也就是你堅持的未必成真。而妥協了一些之後，往往得到的結果卻是你堅持想要的那樣。看似複雜，其實很簡單。妥協是一個人生的課題，而往往終於妥協了，這件事卻變得再也不重要，一切好像徒勞無功一樣。

煙霧繚繞。我刻意慢慢抽著菸，阿愷就坐在我前面，我可以感覺到他想跟我說些話，或者是解釋，或者是抱怨，或者是想跟我吵架。但他的口才真的不好，我猜那天之後的一個月，他可能才結構好要跟我說什麼，當然一切都已經太遲。

店裡的音樂放得很大聲，我猜是學弟以及員工阿智故意的，他們以為我與阿愷會在休息室大吵一架，音樂用來遮掩爭執的聲音。然而沒有。我當然是難過的，我明白阿愷與學弟之間相處上有些齟齬，也明白這個月薪資因為阿愷遲到過多，我狠下心終於扣錢了。我天真地覺得所有事情，在我跟他那麼多年的交情之下，沒有不能說的。後來我發現，交情愈久，那編織竹籠一般的囚牢愈是堅固，多少話語因為竹編的紋路太過複雜，反而不知道怎麼說。而不知道怎麼說，乾脆就不說了，用行動來表示抗議，然後希望另外一方懂得怎麼說，讓對方先開口。

看著欲言又止的阿愷，我突然心裡開始平靜了，本來的怒氣也漸漸平息。阿愷才開口，我就揮手制止他：「沒關係，不必說那麼多，你可能覺得委屈了，但是你的做法實在很不負責任。如果你就這樣不來，客人的車子怎麼辦？」

阿愷支支吾吾地：「我只是……」

雖然表達得很破碎，但是大致上也說了許多與學弟之間的摩擦，以及對這個月薪水的不滿意。我沒有解釋些什麼，僅告訴阿愷，這一切本來可以很好處理的，不管是學弟還是薪水，但是現在都沒關係了。

阿愷愣了一下，我沒有繼續待著，熄了菸，跟阿愷說了聲再見，希望他一路順風。

我總是想，再給我一次機會，我會怎麼留住阿愷呢？或者還是跟那時候一樣，沒有挽留的餘地呢？我不知道。是不是因為老闆的尊嚴被踐踏而賭氣呢？抑或是因為兄弟背叛的感覺而失望呢？雖然當時阿愷坐在我的眼前，我卻覺得彷彿有一台車載著他愈走愈遠一樣。我甚至不知道自己是否做好準備，要失去一個在生活中存在了那麼多年的夥伴。

我以為這間店未來就會像公車一樣，開幕半年光是來來去去的員工就已經超過十五個了。未來如果開個五年、十年，這數字只會更多。反正一個人下車了，就等下一個上車。如果留不住乘客，那我就得試著發現車上的不足，例如是不是車子排太多、工作氣氛不夠好、薪水太低、獎金不夠、老闆太機掰。好多次年輕的員工做了沒多久，告訴我太累了想離職。想去便利商店、想去麥當勞。「至少有冷氣。」第一個說要去便利商店應徵的年輕人這樣告訴我，而他的名字我怎麼也記不得了。

只要是問題就可以修正，唯獨這樣的工作性質是沒辦法改變的。我們的工作環境就是冬天冷夏天熱，一天站站蹲蹲要幾百次，過年前甚至上千次。手永遠是黑的，腳永遠是濕的。

●

阿愷後來回去當藥師助理，應該還在努力考很難考的藥師執照。或者已經考上很難考的藥師執照。我希望現在他是阿愷藥師，發自內心最深最深的希望。那天下午說了再見之後，這麼過了十年，真的再也沒有見過了。最後一次聽見他的消息，是我開了第二家店的時候，員工因為頭痛下班直接穿著制服去買成藥，那個藥局的店員就是阿愷。

根據員工轉述的說法，阿愷看見他的制服，簡單與他說了幾句。

「你們老闆開第二家店了吼。」
「你們老闆寫小說的嘛。」
「我以前也在你們那裡做過。」
「開新店恭喜，幫我跟你們老闆說。」

員工跟我說的時候，我裝作不在意，好像隨便聽一下，沒聽到就算了。其實每一句每一個字我都聽得很仔細，如果員工轉述的口氣沒有錯，那麼這的確是我認識的阿愷。不過一個轉身而已，這個年紀，好多東西都要用五年、十年去計量。留在身邊五年、十年的愈來愈少，失去了五年、十年的卻越發地多。

聽完之後我只是點點頭，走回休息室，想起我認為這間店就像公車一樣，乘客來來去去。轉述給我的這個員工後來也離職了，是唯一一個被我炒魷魚的員工。

我原先以為這間店是台公車，其實這是《老人與海》裡面，老漁夫聖地牙哥拖著的那條馬林魚。所有人都以為我只是玩玩、只是投資，很快就會放棄，而我撐著這艘船拉著這條魚。但慢慢地，我的血肉在這麼多次的離散與永不相見中支離破碎，不知道什麼時候會剩下一個在陽光照射下閃閃發光的骨架，卻再也看不見任何肉沫。

我不清楚這一切值得與否，這麼久以來我只是堅持著往前。我找不到其他的路，也錯過了太多次可以輕易放棄的時刻，於是就這樣，拉著、拖著。它終究有結束的一天，在這之前，我很慶幸我被說服了，在這個時候記錄下這一些。然後，好好地說聲再見。

一言不合就PK

有時還是會想，師仔會離開我，究竟是我輸了這場情誼，還是他輸給了曾經追求的信念，所以選擇掉頭離去、不再面對？

師仔玩遊戲就是要贏。在店裡無聊的時候我們玩過把球扔進洗布籃，一球一千塊，不到十分鐘我就輸了。玩遙控直升機也是，那是夜市買的小直升機，用手機操控，看誰能夠穩定飛得夠久不會墜機，我也輸了。勝負有時候只是為了添加趣味，對於師仔可不是，他就是要贏。

我都忘了誰先叫小周「師仔」，應該是阿愷吧，阿愷那時候在大哥的店裡培訓，師仔是大哥店裡的第一把交椅，汽車美容業界俗稱「做裡面的」，也就是幾乎都只待在最後面的美容區做鍍膜。鍍膜是店裡最高收費的項目，最貴的甚至超過四萬元，也就是說，師仔根本就是整間店最大的業績來源。

師仔在那間店裡，每個月的薪水兩萬一千多，還要被扣一個很奇怪的「在職津貼」項目，一個月扣一千塊。據師仔所說，這在職津貼就是每個月大哥幫他們存錢，農曆年前再發還給他們。「那如果年前就離職了呢？」我問。

師仔總是呃呃呃地笑，牙齒上都是檳榔垢。「啊離職就被沒收啊，不然怎麼叫在職津貼？呃呃呃。」

這個薪水有點誇張，東扣西減每個月根本拿不到多少錢，遲到一扣三，一分鐘扣三分鐘的錢，沒有業績獎金，加班還沒有依照勞基法規定給錢。我跟他說，這是不對的，可以檢舉他。師仔又呃呃地笑了笑，誰知道什麼勞基法？甚至離開了這個行業，他也不知道該幹什麼才好。

明明那麼好的技術。後來師仔找到了玻璃印刷的工作，可是要騎到平鎮去，月薪高了一點，跟女朋友同一家公司。這同溫層牢不可破。師仔沒有學歷，國中都沒畢業，甚至沒有健保，牙齒痛只能買成藥，偏偏又愛吃檳榔，牙齒經常痛。對於工作的資訊只能來自身邊的人，而這樣的師仔，身邊的人能提供的資訊也相當有限，於是這些人就在自己生活的小圈圈裡面，以僅存的破洞看這個世界。

但是，連這個破洞都是這個世界其他更有權力更有財富的人挖出來給他們看的。說到這裡我發現，我好像以一個比師仔更有權力更有財富的身分說著這些，事實上不是的，我的洞也許比師仔大一點，但那還是別人給我挖的，我自己可挖不出來。

●

阿智離職沒多久，店裡剩下我跟學弟兩人，而學弟也動了念頭自己出去開店，偌大的店只剩我自己一個人，於是我便找上了師仔。

「小周，有沒有可能到我這邊來做？反正你技術這麼好，浪費掉太可惜。」那時候我還不習慣叫他師仔。

「我現在跟我女朋友一起上班，如果我去你那邊，就少一台機車。」他說。

只是一台機車而已，事情很小，前後聊了幾次，我買了一台中古機車給他，事情就這麼定了。恰好那時節店裡呈現混亂的狀況，師仔穿著我給他的制服出現在店裡的時候，學弟非常驚訝，不知道發生了什麼事。這段過程我沒有告訴學弟，不想讓他心裡有壓力，畢竟他正在找店面，而我與他拆夥在即，人手問題勢必先解決才行。

雖然隔了一年多沒有做這個行業，剛來報到的師仔依舊非常猛，一個人好像可以抵兩個人用，像個不會停止的兔子一樣。第一個週末，他在休息室滿身大汗，喘著氣跟我說：「太久沒做，果然還是會累。」但這樣的疲勞沒有多久就被他克服了。學弟退股自己出去開店之後，我與師仔兩人作業，才知道這個傢伙有多猛。

師仔對我是相當客氣，但是在施工上面的一絲不苟竟然也讓身為老闆的我頗感壓力，偶爾動作稍微慢了，他便會拿著布在後面等我，讓我覺得後面總有人在追趕，不知不覺我的速度也提升了，細緻度更是提高。老師傅總是有特別的眉角（訣竅），雖然師仔年紀小我六歲，但是從國中那個年紀就開始做烤漆，然後做汽車美容，算起來人生有一半的時間在碰車子，真的是名符其實的老師傅。

第一次他找我ＰＫ，我在後面處理一台已經洗好的美容車外觀，剩下收尾階段，他跟我說，前面一台完全還沒動工的給他，然後看誰先完成，賭一杯星冰樂。等等，我只要收尾，而他一台還沒開工，內裝、外觀還得吹水……笑死人，我如果輸，我就是豬。

嗯，最後我當了兩天的豬，也賠上了一杯星冰樂。

那是第一次我見識到老師傅的密技，你不問他，他根本也不會跟你說。只見師仔洗完車不吹水，在車門縫夾了幾塊布，然後就開始吸塵，內裝處理完開始拋光、上藥劑，等到全部差不多完成，水也乾得差不多。外面那台車很大，而他的身高不高，甚至算很矮，連洗引擎蓋都得拿階梯椅才能洗到中間。後來我輸得沒脾氣了，於是開始跟著叫他師仔。

在絕對的能力面前不存在年紀的問題，一個人能心甘情願地稱呼另外一個人師傅，我覺得是莫大的榮耀。相對於師仔來了以後，所有同事開始叫我「老闆」，反而沒有那種榮耀感，老闆二字僅只是一個事實，並不是因為被尊崇而稱呼。就如同往年我身為作家，人家稱呼我為「作家」只是因為我做這個工作，而不是因為我真的寫了什麼了不起的東西出來一樣。

休息時我常會跟師仔聊起以前在大哥的店的事，聽多了荒腔走板的事情，後來倒也什麼都不奇怪。例如每一塊拋光海綿上面都有寫名字，一個人一組。拋壞了海綿得自己購買新的。我瞪大了眼睛，原來還有這種方法，簡直是當莊家就不會倒，每次摸牌都天聽。

我跟師仔說，這種工作你也真的有辦法幹這麼多年。他又呃呃地笑著：「反正就賺錢。」

反正就賺錢這句話我當時是聽了就算，好像浪花打過來很快就退回去，日後我卻總是在夢中，或者在發呆做白日夢的時候，想起師仔說這句話的樣子跟語氣。無奈嘛，也說不上，樂天嘛，好像也不至於。後來我揣摩了很久，那應該是一種隨波逐流的、只看今天就好的生活。可是這個狗屎一樣的社會，誰不是呢？

「你都沒想過要反抗他？」我開玩笑說。

「怎麼反抗？放火燒了他的店？」師仔一臉看神經病一樣看著我，「燒掉了我也沒頭路了。」

「來我這裡工作啊！你看現在這樣多好。」我說。

「我一開始覺得你應該比他更機掰。」師仔拿起一顆檳榔，把頭咬掉丟進嘴裡。

在店裡我嚴格禁止他在上班時間嚼檳榔，但是他癮頭實在很大，有時候中午會偷嚼一顆，咬兩口吐掉，我便也睜一隻眼閉一隻眼。金牛座的我其實是很龜毛的，所以才會在一些原則問題上堅持。當年阿樂或許就是被我這種個性趕跑的。後來我發現，很多時候你不得不放過一些東西，那同時也放過你自己，接著你就會在這些放過的部分找回另外一種嚴謹，一種不是態度上，而是實際面上的嚴謹。

所以我聽到師仔對我當時的評價，我就給他一個拐子。差點兒真的打起來。師仔矮我快一個頭，力氣卻頂大，手臂的線條很驚人。據他的說法，每天晚上睡覺前都會練身體，仰臥起坐伏地挺身。我跟他約定，以後新來的員工我們不可以像大哥那樣無良，兩人歃血為盟，只差沒有拜天地確認我們的決心。接著應徵了幾個員工，多半都是幾天就不做了，根本還沒進階到確認我們是否「有良」還是「無良」。

●

車友喇叭從科技公司離開之後，問我能不能在他找到新工作之前，先來我這裡混個薪水混個工作，接著我以前安親班的學生也退伍回來繼續做，店裡進入了一個承平時期，業績相當穩定。而我將大部分的店務都交給師仔，還有喇叭這個八面玲瓏的人在，相對輕鬆很多。

喇叭比我大一歲，因為玩車的關係人面很廣，業務能力也因為口才好而幫助很大。他與師仔兩人關係極好，也許再過一百年都會一樣好。有好幾次我看店裡忙，走出去拿起布就要幫忙，師仔停下動作瞪著我，如同影片播放中被硬生生按下PAUSE鍵一樣。

師仔說，你要幹嘛？我說要幫忙。師仔呃呃地笑了：我們在ＰＫ，你不要來亂。在最前面洗車區的喇叭也聽到了，耳朵真好，就也跟著大喊：「你不要來亂啦，去看電視。」

啊喲，我這個當老闆的想幫忙卻變成了「來亂的」，說實話這種感覺真是好得無以復加。最後果不其然，師仔組大獲全勝。我怎麼看都覺得他們在欺負年輕人，而年輕人收到ＰＫ邀約，大致上也不敢拒絕，就這樣被騙走了很多杯星冰樂。

這讓我想起國小的時候，坐我左前方的那個瘦瘦的羅友成，下課總會幫前面的那個男的買涼麵、買油飯。有一天我好奇（我一般是不容易好奇的那一類人）跑去問羅友成，為什麼總是幫他買涼麵。羅友成說，因為自己欠他五百塊錢。國小時候我一天零用錢十塊，到六年級才變成五十塊。五百塊簡直是天文數字。怎麼欠的呢？我問羅友成，他也說不出來。而且我經常看見那個男的用課椅在羅友成腳往前伸的時候故意壓他的腳。羅友成不敢拒絕，就好像年輕的員工不敢拒絕一樣。

師仔這種「一言不合就ＰＫ」的性子，始終沒有改過來，只要店裡工作氣氛悶了，就開始到處找人ＰＫ。事實上這種風氣對洗車業很有幫助。沒有人可以拍胸脯保證自己每天早上起來，從刷牙開始就認為是充實而美好的一天。相反地，經常會有一整天懶懶的倦怠感。對於這種勞力輸出產業特別明顯。有衝勁的時候像電視廣告賣電池的那個兔子，沒衝勁的時候只想當優雅浪漫的一坨泥巴。

而一旦決定ＰＫ，大家不管如何都會開始積極起來，只是為了一杯百多塊的星冰樂。每個人都欠了一杯星冰樂，我偶爾會想，如果倦怠的時候，就跟積極時候的自己ＰＫ，是不是就不會讓咖啡店賺走那些星冰樂的錢。

●

師仔是很嚴厲的人，教育員工的方式是很傳統的老師傅方式，事情講了幾次還忘記就會大聲斥責。這與我不同，他也親眼見過我如何用比較和緩的方式教育員工。但他不會，無論如何都不會，彷彿打娘胎生出來他就認定了這種方式。

我明白這是他甫出社會所接受到的教育，即便不認可，我還是決定讓他處理這些事，除了偶爾非常婉轉地提醒他，身為老闆的我當年在學習的時候也不是學得特快的那種人，希望他偶爾可以給學習比較慢的同仁一點時間。其他我都不干預。

有次來了一個肌肉非常碩大的員工，年紀輕輕就感覺一拳可以把人的鼻子打爆，那個年輕人做了四個小時，中午吃飯時間就撐不住了。師仔問他，你肌肉那麼大，怎麼那麼不耐操？那個年輕人摸摸鼻子，跟師仔說，肌肉大是拿來把馬子的，不是用來做事的。師仔馬上叫他制服脫下來，滾。

另外一次，有天中午我才到店裡，發現吃飯時間，年輕員工小建窩在一台黑色的豐田前面擦車子。我開口問師仔，他說因為洗車的時候小建跑黏土沒有把蚊蟲屍體處理乾淨，所以讓他繼續弄，弄到好為止。這感覺像當兵，像封建體制之下的絕對威權。

對於師仔來說，只有這種方法可以讓員工記住不可以疏忽，而我心裡卻清楚，黑色的車子一旦碰到水，蚊蟲屍體是很難看見的。即便是我，甚至是師仔，都不一定能在洗車的時候就將蚊蟲屍體清除乾淨。跑黏土需要專業，畢竟是直接在車漆上面來回摩擦，如果不熟練的人去自助洗車想輕易嘗試，經常會把車漆磨損弄霧了，後續需要精細的拋光才能恢復好轉，有時候甚至會造成不可逆的傷害。一旦洗完車進到裡面，就不可能用黏土處理，得要用布慢慢擦拭，這很辛苦。洗車跟人生一樣，前面做得愈好，後面愈輕鬆。

後來我才明白，小建那段時間經常遲到，而且時不時窩在廁所裡面打混，師仔便用這種方法消磨他。這大概也是一種下馬威，雖然我挺不認同這樣的處理方式，卻也想驗證看看，面對員工究竟哪一種方法比較好。後來我發現，所有的方法都沒有對錯，只有選擇。想要因材施教在這種環境是不可能的，你永遠探不清員工心裡在想什麼。

小建最後在這家店待的時間比師仔久，後來也成為第一個，也是唯一一個，被我炒魷魚的員工。師仔那時候一直要我小心小建這個孩子，我沒有聽進去，只覺得他是偏見。師仔的偏見很多，就像還沒來我這邊做的時候，他覺得我比大哥還機掰。這就是偏見。

師仔還有另外一個偏見，就是只要有時間就要接車，不管員工累不累。有這種員工幫我顧店，真是夫復何求。有時候即便快下班了，剩下我與他兩人，他還是會接一台洗車。我說，快下班了，這樣來得及嗎？他就會呃呃地笑著說：「我來啊，你休息。」

這也是為何雖然他很嚴厲，其他人從來不敢抱怨些什麼的原因。畢竟他總比起別人休息都少，休息完又總是第一個走出去開工，而且做得快，又好。

師仔的女朋友大他幾歲，兩人交往了很久。雖然師仔來我這裡之後薪水相當不錯，過年前發獎金，最高紀錄拿了超過八萬，但是兩人其實沒存什麼錢。針對這件事情我見怪不怪，畢竟那時候身邊的所有同事，大部分都是這樣的。

師仔當時最大的問題是手機，因為不懂所以辦門號換手機，堆疊了好幾個門號，每個月一大堆的月租費要繳。那年春天，師仔問起我醫院的事情，我才知道他女朋友子宮肌瘤要開刀，醫藥費總共要三、四萬。我明白師仔身上沒什麼錢，我拍拍他，要他不必擔心，萬事有我在。

女友開刀的期間我讓他安心放假去陪，晚上還會連同一些朋友，開著車跑去桃園送晚餐給師仔，陪他抽兩根菸才走。我只私底下告訴他，出院要付錢那天跟我說，我再過來。師仔一聽就明白我的意思，一臉抱歉但是很堅毅地跟我說，等他女友的勞工保險理賠下來，就可以還給我。「靠北，那重要嗎？」我說。

出院那天一早，我領了現金到醫院，塞給師仔去付錢。最後他們堅持不讓我載回家，兩人坐著計程車離開醫院。老實說我不覺得自己幹了什麼大事，相較於他對我的店的付出，這點幫忙不算什麼。

對我來說，這件事已超脫了老闆與員工的範疇。就如同店裡每逢初二、十六要拜土地公跟地基主，有時候因為放假沒辦法當天拜，師仔總會跟我說，沒關係他來店裡處理。

他真的是一個很棒的同伴，讓我有滿滿的信任，直到天荒地老。

●

師仔離職在女友開刀完沒有幾個月，因為他突然跑出來的叔叔，後來變成舅舅，後來又變成是他素未謀面的父親的朋友，頂了一間洗車場的店面，要讓他去顧。一開始因為頂讓的人變來變去，我很擔心他被騙，反覆地確認了一些細節，也試圖挽留。

一個這樣的夥伴要離去，對我的打擊不可謂不大。喇叭在離職之前就跟我說，如果他走了，師仔再走了，這間店大概就完了。他說的是真的，我的確覺得要完蛋了。

後來我只希望師仔多給我一點時間，讓我找到人。那時候店裡只剩下我跟小建，前一年的農曆年前，我們三個人創造了很理想的業績。年後依然只有我們三個人，如果找不到新人補上，就又要開始兩個人苦難的生活。然而六月底，師仔就不得不離開，因為店面已經開始付租金。離開之前他告訴我，他已經找到了一個工讀生。

「至少比自己一個人做來得好，工讀生也不錯，洗洗車、清個內裝，你可以專心把車子做好。」我說，「那你多少錢請工讀生？」

師仔離職之後，拿制服回來的那一天，我坐在休息室與他閒聊。

「大概一萬六、一萬七那邊。」他說。

我愣了一下，組織了一下語言，那時候覺得自己這幾年跑的演講都白搭，講點心裡話還得想那麼長的時間。終於我想好了應該怎麼說：「有時候，我們真的不要怪大哥那種人，不知不覺間，我們也會變成那樣的人，我們都一樣。」

師仔臉色變了。我想，「大哥」一直是師仔心中最不喜歡的點，我直接拿他跟大哥做比喻，對師仔來說肯定是很嚴重的指責。但是我們都受過大哥那種人的荼毒，知道這種事情是不對的，聽見他開了不合理的薪水給工讀生，我心裡覺得很難受。

那時候我跟他的約定，我明白他沒有忘記。至少我牢牢記得。而這種約定被打破了，就好像情侶逛街一起買了一個熱水壺，每天都用著，分手的時候說要把所有東西分清楚，這個熱水壺卻不知道該歸屬誰。

這世界上很多錯誤都是一樣，不知道是他犯錯還是這個世界讓他犯錯，或者根本這樣做就沒有錯，只是因為現實。

師仔那天沒有跟我說再見就離開。

就好像熱水壺沒有人帶走，留在了原地一樣。

偶爾在店裡打瞌睡的時候，我總覺得睜開眼睛就會看見那個熱水壺。

●

後來，有一年過年後開工，依照慣例，我會在開工那天一早拜拜放鞭炮（後來這幾年取消了），中午再請員工喝春酒，就是吃一頓飯。飯後回到店裡打大老二，那幾年都是如此。那一天，師仔突然跑回來，我很驚喜，雖然大老二廝殺到一半，我把中午請客的錢都從員工手裡贏回來了。

師仔帶著一隻「碰氣」（也就是松鼠），回來找我聊天。我不想表現得太生分，所以跟他聊著，看「碰氣」跑來跑去。他與女友買了一堆飲料給我們喝，我破口大罵人來就好，買飲料幹嘛。可能是我的態度讓他覺得不夠親切，又或許是所有的鏡子破掉了就黏不回去，我感覺師仔離開的時候有點失望，有點落寞。之後我傳訊息問他碰氣哪裡買的，當然我其實對碰氣一點兒興趣也沒有。而這通簡訊，就像那個情侶分手之後的熱水壺，被遺忘在虛擬的世界裡面。

我不知道師仔在自己辛苦耕耘一家洗車場的時候，會不會偶爾想到在我這邊這段不算短的時間的一切。我希望有，那會使我心裡好受很多。

這麼多年，後續來了很多員工，每回提到工法上、技巧上的問題，總不免提到師仔。我總會說，師仔是很厲害的師傅，又快又準又好。除了很愛罵人，工作上沒有任何缺點。想找個批評的地方都很難。

這麼多年，這麼多人來來去去，我總不想自己是那個被遺忘的熱水壺，但我當熱水壺竟也當出了心得：首先你肚子裡要熱，很熱很熱，可以支撐你以熱水壺的樣貌堅持在原地。接著你要能倒出熱水，無論何時，都要滿腹熱水。

然後別忘了，你要當被留下來、被忘記的那一個。

因為每個人都有自己的人生，沒有誰有義務為誰停留負責。

友台，順遊！

無線電那頭，我期待的聲音不再響起。

關於無線電是這樣的。分成兩種：一種叫做車機，接了天線之後訊號可以打很遠也接收很遠，據說中部有個友台，每到下午三點就會占用國道頻（針對國道職業司機用的頻道）唱歌，到桃園都能夠聽見。另外一種是俗稱香腸族使用的手扒機「Walkie-Talkie」，一樣可以接上天線讓訊號好一些，但距離有限，如果幾台車一同出遊，範圍很夠的，幾公里內收訊都很好。無線電波是很有趣的東西，好像廣播頻道一樣，可以多人共用一個頻道，只要按上按鈕就可以說話，結束放開。當然如果有人同時說話，就什麼也聽不到。

即便無線電波是肉眼不可見的，開始使用無線電對講機那段歲月，卻好像在我的作家與洗車工生涯劃開了一條溝，溝很深但是不寬，可以跨過去，但是很深，讓人畏懼的深。在邊緣躊躇的時候，跨越的那一步很艱難。尤其我怕高。

我是在那段時間開始，與洗車工愈來愈貼合，也離作家愈來愈遠，直到看不見。

●

車友們喜歡在路上用無線電溝通，速度快又方便。我的MINI車上裝了一台「Walkie-Talkie」，喇叭車上則是一台車機，專業用的無線電通訊器材，專業不凡。開著小鋼炮的他，車上琳瑯滿目掛滿了配件，行車記錄器、導航、無線電車機加上測速器，好像飛機的機艙一樣。每回一起出發，他總是會轉到國道台，然後跟我們回報：「友台，南飆一路順遊，泰安摸手前內線小龜龜，狗洞有大哥。」

「友台」是對所有車友的稱呼；「南飆」就是國道南下；「泰安」摸手則是當年還有收費站的時候，收費員收票經常會碰到手。「內線小龜龜」顧名思義，就是內線有龜速小客車，「狗洞」是指高速公路的路肩避車道，經常會有紅斑馬（國道警察）躲在那裡偷拍。「大哥」是警察的意思；「樓梯」是交流道出口；「小白兔」就是救護車。

喇叭非常熱衷於這樣的對話，以至於那時候我們日常說話習慣也經常使用國道無線電用語。「友台，晚上有況某？」（有況指有警車、超速照相、塞車狀況，反之叫無況。）

喇叭那一陣子因為在科技公司很多不愉快，總會找我談心。或許他認為當作家的我，特別能夠理解他在公司的苦吧。

喇叭有甲狀腺亢進，我印象中的甲亢都會眼睛稍微突出，喇叭沒有。皮膚白白的，頭髮有點自然捲，聲音尖銳了一點兒像沒有變聲完全的青少年，中等身材，走路習慣腳走在人前面。往年我演講的時候經常模仿「腳走在人前面」，那是一種很自豪很驕傲，或者也有點臭屁、有點「假掰」的走路方式。喇叭也是個驕傲的人，一直都是。當工程師的他有自己的驕傲，所以對於在職場的驕傲被質疑這件事，讓他很不開心。

跟我同樣兩個姊姊的他，在家裡不太有表達意見的權利。喇叭的爸爸是很大的日本電器公司主管，收入高地位高，因此即便已經三十多歲，喇叭在家裡還是個孩子。有時候表達意見太激烈，會這麼大吵起來，喇叭就會氣呼呼地好幾天不跟姊姊或者爸爸說話。他很羨慕我，大學畢業就可以在家裡說話大聲。

「說話大聲沒什麼用，說話有人聽才有用。」我跟他說。

「他們都覺得我什麼都不懂啊！幾百萬次都一樣。」喇叭咬牙切齒。

「有時候話語權也是要革命的，找到對的時間點，用行動告訴他們自己已經長大了，可以處理自己的事，大概就沒問題。」我說。

「問題我沒有你有本事，房子也不是我出錢，根本沒辦法……」

「其實啊，如果可以不必繳房貸，我就算在家裡當龜孫子我都願意。」我說。

喇叭應該沒聽懂我的話。不必繳房貸已經很好了啊，回想這幾年被房貸壓迫得我哪裡都不敢去，完全不敢冒險，心裡暗暗羨慕喇叭。

脾氣很衝又藏不住話的他，那麼多年了還沒找到跟家人溝通的方式，除了父親太強勢，我們這一代人沒辦法在社會上推倒前面的人，占得不錯的地位也有關係。結婚生了兩個小孩，有時候還需要家人支援一下奶粉錢，支援一下帶小孩。說真的，既然經常需要跟家人開口，如何展現自己已經是個可以獨當一面的人？

然而跟他這麼說，話題只會跑偏。

「那個誰誰，家裡就是有一塊地啦，所以才能買那麼好的車，改那麼大，結果跑不贏，心臟要改啦。」

「拜託，那個誰在銀行工作而已，哪可能那麼有錢？買黑水鬼（勞力士潛水錶）還能開這麼好的車？保證是家裡有錢啦。」

我跟著打哈哈，回想著自己大概是在什麼時候，在家裡有一家之主那樣的話語權呢？是買了房子之後嗎？似乎不是。好像沒有一條明確的線，告訴我過了那條線，從此以後我就是大人了，說話要負責，家裡很多事情也要負責。

●

跟我談了幾次，終於他決定離職。離職前，他還是跑來找我。

「友台，如果啊，我是說如果，我離職了暫時找不到工作，能不能先來你這邊做一陣子，一邊找工作。」他說。

喇叭父親本來替他找了一個合作企業的運動器材公司，讓他去當工程師。但是喇叭不想跟著父親的意思走，想自己走一條路，自己選擇一次給父親看。我聽到的時候其實心裡很壓抑，畢竟原本是朋友，如果工作上有什麼不愉快，朋友肯定是當不成了。就像當年跟我合夥的阿愷一樣。

「當朋友的幫不上什麼忙，但是讓你有一個地方窩，這點小事還是可以的。」說完，我自己都不敢相信，好像嘴巴自己動了一樣。同時腦子不停在運轉，想著該給他多少薪水、他雙胞胎剛出生會不會經常遲到、到時候工作上應該怎麼處理一些溝通方面的問題……

當時店裡只有我跟師仔，他的加入肯定有幫助，只是本來我對他沒有抱持太大的期望，總覺得他就是來沾個醬油，應該很快就會跑了。畢竟累，而且累，然後又超級累。沒想到師仔手把手地教他，除了偶爾還是會出包甚至記錯了工法鬧笑話，憑心而論，他的學習速度快我太多。以喇叭自己的慣用語，就是「阿搭利」（打擊率）很好的那種人。因為學得夠快，原本兩個去當兵的員工退伍回來，卻沒辦法追上喇叭的技術與進度。即便兩個年輕人比喇叭更早接觸這一行。

不得不說，有些人天生就很適合動手，而且可以掌握訣竅融會貫通，而不是死死地按照步驟，腦袋僵化。每台車的車況多有不同，如同高速公路每天路況也不一樣，懂得變通懂得思考的師傅，總會做得更快更好。

喇叭就是這樣的傢伙。第一次與他認識，是在土城的一次GOLF（福斯汽車的一種車型）車友聚會，剛開店的我與學弟，為了要增加店的知名度以及拓展車友業務，雖然一個人也不認識還是硬著頭皮參加了。當時喇叭姍姍來遲，一來就腳走在人前面，說話很「昂聲」，感覺人面很廣，每個參加的車友都跟他很不錯。也因此，喇叭在業務方面特別厲害。我始終認為喇叭是被耽誤的王牌業務員，可惜直至今日，他都沒有朝業務方面發展。甚為可惜。

兩個月不到的時間，喇叭已經可以做鍍膜了，而且經常繞在師仔身邊問東問西，想把師仔身上累積的經驗跟功夫統統學走。這倒是與我原本對他的印象不同。起始時我總覺得他來這裡，一方面是過渡時期，一方面他這種人來瘋的個性，做事應該沒辦法多踏實。但事實上，在做事這方面他的確很值得稱讚，不僅學習認真，還會動腦筋尋求更佳的解決方案。很多施工步驟以及方法，就是在與他的來回討論中越發有效率與精緻。

有一回他約我下班之後來一場久違的撞球。那天他拋了一整天的鍍膜車，手被機器震得痠麻不已，拿著球桿感覺好像拋光機還在手裡震動一般。

「還敢說我以前打不好是藉口嗎？」我笑他。

「我覺得球桿打出去，球都要被我拋成鏡面了。」他胡扯。

由於年紀相仿，我與他關係相當不錯。因為年輕時候比較貪玩，我撞球算是打得不錯，但是跟他相比，我又遜色了一籌。

撞球是一個需要細膩心思的運動，喇叭很細，但有時候簡直太細緻了。他是一個很玲瓏的人，某回日本客人來，才剛停下車，喇叭就過來幫客人開門，然後幫我開門。接著竟然遞給我一杯咖啡，客人當然也一杯。宮崎先生看傻了眼，用日文問我！「你的員工是怎麼教育的？」我尷尬地笑了笑，心想喇叭這傢伙實在很會搞事情，平常也沒見過他泡咖啡給我喝。

每次只要有廠商或者其他店家的人來參觀或者拜訪，他就會提前讓店裡所有人把店務整理好，有車在施工就會非常積極不休息，沒有車子也會主動打掃環境，總之就是想嚇嚇其他人。

「你有面子，人家看我們也不敢隨便。」喇叭說。

「的確，我有面子，然後跟你們說話我又特別客氣的話，客人也不敢覺得你們只是員工，會非常尊重你們。」我點頭。

「垃圾只是放錯地方而已，放在對的地方就是黃金。」他說。

「廣義來說，這句話就是『天生我材必有用』對吧？」我說。

「作家講成語喔。」他不以為然。

「這應該不算成語，算俚語。」我說。管他什麼語。

那時算是我店內的第一個全盛時期，在品牌當中算是佼佼者的店家，每一個同事的技術以及能力都很好，而且向心力非常夠。但是向心力這種心靈雞湯，短時間還勉強湊合，時間一久，光靠雞湯不夠，還得端出真的牛肉來。

馬雲說過，員工會動離職念頭，不是心委屈了，就是錢委屈了。

●

喇叭就是喇叭，我們終究還是會起衝突。第一次真正大的衝突，是在他交完一台鍍膜車，跟車主講解日後的顧車方法、鍍膜特性等等，接著就送客。我到櫃檯去，發現客人付的錢就赤裸裸地放在桌上。回來之後我與他一起施工一台美容車，特地開口問他。

「剛剛收的錢為什麼沒有放好，直接放在桌上？」我問。

「就忘記了啊。」他說，一邊重重把吸塵器的頭摔到地上。

「我只是提醒你，錢這種事情可大可小，到時候錢少了，大家都不好交代。你自己個性又彆扭，到時候少了錢就算我不跟你算，你自己過意不去，這樣有意義嗎？」我聲音大了起來。

「我就沒有你那麼好的人格啦，沒那麼高尚。」我明白他有些氣惱。

說我高尚肯定是一種挖苦，我一瞬間有點惱怒，但沒有發作。我想著，是不是很多時候，我都把所有人置放在一個太完美的假想裡，包含我自己，於是只要出了一點狀況，就會使得不完美變得刺眼，並且用了不應該的標準去評價他人。

我並沒有繼續責備或者爭執，而是讓他思考一下做事的方式，以及回憶我的說話方式，是否真的那麼針對他。最後很高興地，他主動過來告訴我，他有時候會很急，被糾正了就會惱羞，希望我不要放在心上。

「我當然不會放在心上，錢沒放好只是小事，但是小事沒有處理好，就像車子沒乾淨，很多時候也是大事。可能我說話的方式不好，我也很抱歉，希望你理解我表達的目的，彼此學習。」我說。

他很明白店裡必須有規矩，上面的人怎麼做，下面的人就怎麼學。我將他放在一個很重要的位置上，雖然不是店長，但很多時候很倚靠他的能力，當然不希望發生這種錯誤。當時雙胞胎剛出生的喇叭，也許壓力有點大，早上偶爾會遲到，我也可以諒解，甚至多給他半個小時的緩衝。雖然對其他員工不公平，但這是我最開始承諾過他的，摸摸鼻子我還是得堅持下去。

還有一回，來我們店裡培訓的店家老闆正在學習玻璃鍍膜的施工。玻璃上面的鍍膜是很棒的產物，還沒開洗車場以前，為了解決下雨天玻璃視線就很差的狀況，我換雨刷、用牙膏刷玻璃、用白博士噴玻璃都試過，最後甚至用菜瓜布刷玻璃，刷得玻璃都受傷了。當了汽車美容老闆之後，才知道這原來是那麼簡單可以解決的狀況。而我們品牌的玻璃鍍膜真是強大無匹，不僅速度快的時候不必開雨刷，甚至持久性能也是強大到無以復加。

那次，喇叭很認真地教導那個即將開店的店長，玻璃除油膜的時候，水不要太多，稍微擦乾一些，不然會噴得拋光劑到處都是且速度太慢。沒想到那店長有點痞，態度不是很好。

「我有自己的方法。」他說。

喇叭氣壞了，後來一個人洗完一台車，什麼話也不說地悶著頭拚命做車子，必須等到他這股氣消了才願意靜下來跟我說明一切。

「你有你的方法來這裡學鳥蛋喔，幹！」喇叭在休息室裡大聲罵著。

姑且不論那個不受教的店長誇張的態度，喇叭這種突然間賭氣的狀況其實不少見。不過喇叭後來報復的方式很奇妙，當時還沒有週休二日，週一固定公休，於是週日放假前，喇叭會故意召集所有同仁把店務整理到超級完美：風管拿布擦乾淨，拋光機電線也擦乾淨，有時候還拿馬椅，把燈管也擦乾淨。

那個很痞的加盟店老闆看傻了眼，跑進來問我，怎麼樣才能培養出這樣的員工，而我自己好像整天沒事做，都待在休息室裡面看電視。

「其實也沒什麼，就是相信最強的那個人？」我指著喇叭，開玩笑似的說道，「可惜你得罪他了，這些撇步，他一定不會跟你說。」哈哈哈，開玩笑的啦，就是大家一起努力，你沒看到的時候我也經常幫忙，不是那麼簡單的。

那個加盟店老闆後來看向「喇叭哥」的時候，眼神都不一樣了，說話也恭敬了許多。果然，放對了地方，每個人都是黃金。杵著都是黃金，杵著都閃閃發光。

喇叭後來意識到自己情緒經常不穩，醫生說跟甲亢或許有關係，他便去割了甲狀腺。脖子上正中間紅紅的一條微笑曲線，聽說這樣可以解決他情緒偶爾的暴躁。然而在甲狀腺割掉之後，事情慢慢不一樣了。脖子上紅紅的微笑曲線，在我眼裡看來卻是癟嘴曲線。喇叭不定時會情緒低落，低落的原因通常都跟現實、跟經濟狀況有關。

我時常告訴他，相較於我，他已經少很多經濟壓力了，而這樣代表他更有空間可以冒險可以衝刺，不怕失敗。雖然有兩個小孩，但是住家裡，長輩也會幫忙，放寬心。然而在店裡經常遇到開著好車、社會地位很高的客人或者朋友，那種羨慕以及對自己的無奈還是在他身上蔓延。

「即便是那些有錢的車友，他們跟你相處很好不因為錢，不因為身分，而是你這個人好相處，說話有趣人緣好，是值得交往的朋友。」我經常這樣勸他。

「人緣好不能當飯吃。」他說。

喇叭因為口才太好了，所以在車友界被暱稱為「木木口喇叭」，木木口就是無線電黑話裡頭的林口，喇叭則是他嘴巴很厲害的意思。由於在車友間關係極好，經常可以拉一些生意，讓車友因為他的面子過來捧場。最厲害的一次，中午休息之前喇叭過來找我。

「老闆，我中午出去一下。ＢＭＷ那邊車友聚餐。」他說。

「好啊，幹嘛不去。」我說。

「抄收，有感謝。」這是無線電用語。

當時我的爽快，我自己都很訝異。ＢＭＷ車友聚會，關你一個開GOLF的人鳥事？我沒有這樣說，我知道這樣的聚餐他會參加，肯定有他的原因。果然不負木木口喇叭的威名，隔了大概三個小時，喇叭回來了。腳走在人前面。

「老闆，我拉了一台鍍膜回來，給他一點折扣，可以吧？」他說。

我愣了一下：「所以，吃個飯你就拉到鍍膜車了？」

當然可以！我都差點兒叫他一聲「喇叭哥」了。

喇叭如果待在店裡，三個小時最多最多幫我增加四千塊的業績，而這麼一頓飯回來就多了四萬的業績（雖然是未實現獲利），性價比奇高無比。

我的口才還行，跟客戶講解的時候也算精彩，尤其擅長面對園區裡面的工程師。比較土性一點的客人我比較不擅長，那是師仔的專業領域，經常看師仔跟客人說到大小聲彷彿吵架，實際上卻是在來回交涉，這我真的不會。喇叭是通吃，工程師沒問題，畢竟他以前就是工程師。傳產老闆比較土性的，他也很強，一堆黑話滔滔不絕，什麼都能來個兩句。

喇叭還有一項特殊才藝，就算遇到很不想聊的客人，他也有方法讓對方覺得自己很專心聊天。

「衝到兩百沒問題啦，快速路我那天開車去江子翠……」客人說。

「嘿，江仔翠。」喇叭說。把江子翠翻譯成台語。

「結果警察在旁邊打鳥，還好我改八活塞剎車，最後還是有停下來。」

「嘿，被剖耶。」被剖就是8 pot，八活塞的俗稱。

總之，把對方的話最後幾個字，或者其中的重點重複一次，對方就會覺得你很認真跟他對話。即使從頭到尾你都沒說些什麼，遇到特別愛講話的客人這招特別好用。當然，不必加上特殊祕技，把對方的話翻譯成台語，這是高端技巧，請熟練後再施行。

我非常不喜歡面對客人。開店一兩年後，我多半都讓同事去接待客戶，除非萬不得已，例如有些時候只有我一個人在店裡，這屬於無奈。或者有的時候，客戶指名要找我，多半是認識的人，這屬於無恥。我寧可忙碌時候窩在旁邊做車子，客戶讓員工去談。對我來說，施工比談話輕鬆。現在仍舊如此。而像喇叭這樣可以大量負擔高單價業務的人才，可遇不可求。然而在我的恭維之下，喇叭卻嘆了一口氣。

「跟他們那一掛的出去，就覺得自己很沒用。感覺就是一個比較沒地位的人，也是啦，錢沒有人家多，不知道他們私底下會怎麼想我。」他說。

「你那邊割掉之後，常常想太多。」我說。

我以為這樣講他會輕鬆一點，然而他的情緒卻低到不能再低。事實上我也清楚，再怎麼跟那些俗稱「天空人」的車友交情好，終究跟他們算不上一掛的，這個社會現實異常，在這個行業遇到的多了，多心的人難免會有點挫折。雖然我們收費高，雖然他們的車子都交到我們手上，滿意地開回去，但我們仍舊是那個「幫你洗車」、「幫你做鍍膜」的師傅而已。

最後，喇叭退出了那個聊天群組，在我勸阻不果之後。退一個群組也沒什麼，在網路時代很多人都把這樣虛擬的聚落看得太重，現實中的人們才是真正的核心。但這個舉動對他來說，似乎非常非常重要，喇叭開始時不時厭倦現在的生活，覺得錢永遠賺不夠，言語之間都是羨慕某個車友大哥跑車開了幾百公里就賣了，而我們換一組進口的鍛造輪框還要想半天下不了手。

這個友台不管南飆還是北飆，目前都有況。而我沒有能力去幫助他改變這一切。

當時我的車子改裝的是一組日本知名品牌的鍛造輪框，因為是我特別訂購的，要價十萬。這組框不算最高檔，但喇叭一直覺得這框是他心目中的夢幻逸品。後來有個店家有這一組，擺很久沒賣出去，打算便宜賣給他。那一陣子每次休息時間就聽到喇叭在碎碎念，最後他終於過來跟我開口。

「那組框……能不能借我錢，我很想要。」他說。

「多少錢？」我眉頭一皺。

後來我去領錢，借了他六萬。這件事還得瞞著他老婆，否則會鬧家庭革命。六萬塊錢不是小數目，我認為在他經濟相對比較拮据、還得養一對雙胞胎的時候，這個消費是極其不理智的。當時我會同意的原因，除了與他的交情，還希望這框裝上車之後，他會對自己有點自信。看著他替自己的輪框塗抹鋁圈鍍膜的那種神情，我認為我做得沒錯。一直到我發現自己忘記了，喇叭是一個喜歡腳走在人前面的傢伙。

有次遇到一個很愛車的客人，開著一台馬自達來美容，一邊施工一邊與他聊天，說著自己改裝花了多少錢。年輕人總是喜歡有點自我風格，改裝就是自我風格的一種展現。喇叭的表情有點兒不屑，等到客人走了，他的不屑更加明顯。

「還以為自己改裝什麼了不起的東西咧，不就跟我之前一樣的芭樂圈而已，講得好像會飛一樣。」他說。

「總是要幾萬塊的改裝品，也算是不錯了我覺得。」我笑笑。

是的，你改了很棒的鍛造圈，所以那個客人的國產芭樂圈對你來說是個笑話。人之常情。我甚至不敢糾正他，因為我總覺得，自己在很多時候也跟喇叭一樣，總是輕視別人的快樂，嘲笑他人的眼界過小。而我自己，其實不過也是一個洗車工，頂多就是一個當老闆的洗車工，很多時候，可能也跟那時候的喇叭一樣。在社會的地位靠著這些外物堆疊，希望藉由在社群媒體分享（或者炫耀？）這些東西來墊高我們站的位置，或者去哪個高級餐廳高級飯店打卡，證明我們時不時也會周遊在天空人的世界，製造出假象來讓自己好過一點。

我們沒有翅膀，看不到天空人的世界，而藉以墊高自己的那些東西，本質上搖搖欲墜。回家洗澡睡覺後，其實我還是那個我。

●

喇叭跟我提離職，新的工作就是要來我這裡之前，父親幫他介紹的那一個。本來很反彈的他，最終還是妥協了。

「小廟留不住大神。」我點頭。

我一直告訴他，找個業務性質的工作。他是個閒不下來的人，喜歡東跑西跑，口才又好，不當業務實在蹧蹋。也許因為家庭的關係，父親在外商公司當主管，喇叭終究還是在父親的威嚴之下討生活。

「我爸覺得，當業務很不正經。」他說。

雖然相較之下，他不必自己繳房貸就有被車友戲稱「木木口豪宅」的透天可以住，但我一直希望他改變，讓他去突破現狀，可惜到最後還是從他的語氣裡發現到恐懼。

「『怕』不是解答，變強才是。」我經常這樣告訴自己。那段時間，我也這樣跟喇叭說。愈是無助的時候，愈要提醒自己不能怕。怕輸就不會贏。

「我離開以後，這個店大概就少掉一半了，如果師仔再走，這個店可能就倒了。」喇叭離開之前，不經意地這樣跟我說。這句話一直被我放在心上，直到師仔也走了以後，震耳欲聾。

我有過不止一次想要結束這家店，因為太累了，因為人來來去去不能穩定，因為我還是懷有一點寫作的夢。結束了我可以專心在寫作上，我有夢想。第一次想結束，是在師仔來之前，學弟要出去開店的時候。那時候我覺得自己應該撐不起來，我不是最強的，也沒有什麼道理繼續堅持。但我堅持下來了，沒有什麼掙扎，就像關店的念頭只是一頂頭盔扣在腦袋上，你不去看它，就會忘記它的存在，但它壓著你的腦袋，壓著啊。

喇叭這樣說，讓我萬分地不服輸。我不喜歡被小瞧了，更不喜歡他說這句話的時候那種必然的態度。

●

喇叭離開之後仍舊時常回來，有時候會在休息室抽著菸。

「那個新來的是誰？」

「就……新來的員工。」我說。

「好像不認識我，都不會打招呼。」

那個……他報到的時候，你已經離開了，不認識你不是正常的嗎？我雖然沒有說出口，心裡卻猛打鼓。這就是喇叭，雖然有些自卑，卻因此而膨脹的喇叭。喇叭膨脹以後會變成什麼？薩克斯風還是大喇叭？我不知道。

師仔也離職之後，每年過年我們還是會在除夕相聚，約在已經大掃除過後的店裡打大老二，隨便打屁。那一年的冬天超冷，我依約到店裡開門，喇叭已經在門口等了，還買了一堆飲料。兄弟們陸續抵達前，我跟他有一搭沒一搭地聊著，因為熟識，所以不需要刻意熱絡。對我來說這就是好朋友好兄弟該有的樣貌。然而這樣的態度，讓「那裡割掉以後」變得很纖細的喇叭很介意。

年後他就再也沒有出現。從朋友的口中得知，他覺得我對他刻意冷淡，有點瞧不起他。一個洗車工該瞧不起這個世界的什麼樣人呢？我想了很久很久。說真的，連犯法的人，我或者都沒資格瞧不起。我僅僅一個出賣勞力的傢伙，在這個社會的底層。那些做土水的、綁鋼筋的薪水都比我高，我沒資格瞧不起他們。做粗工的日薪也比我高。如果這個世界用薪水來衡量位階，實施種姓制度，洗車工或許在「賤民」那個位列。

朋友試圖解決我與他的緊張關係，無解。後來我也傳了訊息給他，熱臉貼冷屁股。然而我並沒有怪罪他的意思，僅是覺得可惜。我們在誰瞧不起誰的混沌裡頭打轉，最後誰也沒有贏。就如同那個除夕的那場大老二，我沒有贏，喇叭也沒有。在這裡我們都是輸家，我們都會怕，都會保護自己。

我沒有比較高尚，很多時候我完全不如喇叭。即使他變成薩克斯風或者大喇叭，我都不如他。垃圾只是放錯了地方，喇叭放錯到了我這裡，但他不是垃圾，是我這個地方錯了，錯得離譜。

後來我的車子賣掉了，賣掉之前拆了很多改裝品，而那組很貴的、跟喇叭一樣的鋁圈，我就不拆了。讓它跟著新的車主去冒險，也好過留在我這裡蹉跎。

那組無線電我也放著，之後沒機會用了。車子賣得很快，東西拆一半車商就來了，估價完就直接拿證件，隔天過戶。陪著我好多年的MINI就這樣離開我的人生，這一大段洗車人生都有它的陪伴，也有它的痕跡。要離開之前，我拍了張照片，然後拿起早已沒使用的無線電，想起了沒有聯絡的喇叭。

「友台，順遊！」我按下按鈕，不知道是對著這台MINI，還是遠方的喇叭。

「抄收，有感謝。」我等著喇叭這樣回我，但終於沒有等到。

畫一條永遠不歪的線

人都是在哪個時候走歪的呢？

那個曾經說要待到我不要他為止的弟弟，卻虧空公司數十萬……

「師仔走了，我有點想把店收起來。你覺得呢？」我對那時僅存的員工小建說。很累，而且發自內心覺得自己不見得能做得好。

小建很久沒有說話，我便開始隨便亂聊。聊到開店之初跟夥伴一起忙到三更半夜。聊到與大哥的摩擦，當時的憤恨不平如今卻是很美好的回憶。尤其走過這麼多年，才發現不管是誰都一樣，都為了自己而活。即便我一度對於自己在師仔開口之前就主動幫他繳女友的醫藥費，平常也對他有求必應，最後他還是選擇離開有些難受，但我明白，每個人的去留與此無關，不建立於感情之上，而是現實之上。

小建沉默許久，眼眶泛紅。

「老闆。」

「我還記得我剛從這邊離開去當兵，家裡欠錢，是老闆在我最困難的時候幫助我。現在我沒有想很多，你要我待多久，我就待多久，」

小建掉了眼淚，「待到你不要我為止。」

我呆了，好一會兒說不出話來。先是他說不出話，後來是我。我們兩個像難兄難弟，輪流關上對方的語言開關。

我其實忘記了他剛去當兵的時候，一臉為難來店裡，開口問我要錢的這件事。數目很小，不過萬把塊的樣子。對於這件事能讓他記在心裡，我有一種失而復得的快樂，不在於金錢，而在於「存在」。我對於自己費盡心力幫助身邊的夥伴，最後卻被輕易忽視輕易拋棄有著沉重的頹喪感，小建的話對我而言是一種救贖，是整個世界都破敗了以後，唯一的光。

小建十八歲高中畢業，就在柚子的介紹之下來工作。柚子是我大學打工的安親班的學生，從他還在「媽媽十塊」就認識，連籃球都是我教的。那時候他最喜歡我在課堂上說歷史故事，我離開安親班之後還會找我放假一起去打籃球。他介紹了小建過來，沒多久自己工作的飲料店也不做了，跟著一起來。

他們年輕，喜歡聽我講故事，特別喜歡聽我以前不念書愛玩的那些社會事。

我曾經很懊悔自己在青春正好的時候如此不學好，然而這段人生也在某些關頭幫助了我。剛開店沒多久，我與學弟、阿愷在店裡忙，那個晚上突然走進來三個穿黑西裝的中年人，不像客人，反而左看右看，打量著整間店。我一如往常過去接待，對方站得歪歪的，帶頭的那個，嘴巴呸一下、呸一下地，好像在吐檳榔渣。

「你這邊位置不錯，」他指著店裡的一處空位，「這裡可以放一個機台。」

「什麼機台？」我問。

「明天我過來裝。」他完全不理會我，十足地霸王硬上弓。

有著淺薄的社會事經驗的我，很快意識到這應該是傳說中「賣茶葉」的（台語為「賣茶米」，藉由逼店家買不值錢的東西收取保護費的一種形式）。時代在進步，賣茶葉變成了放機台，光明正大而且義不容辭。那是一種叫做「滿貫大亨」的賭博遊戲機台，插你的電，用你的空間，可以讓人投硬幣玩遊戲，時間差不多他們就會來收錢。以前還以為那是店家自己可以收錢的，後來熟悉的撞球場老闆才告訴我，這是變相的保護費。

我指著正在施工的BMW黑頭車：「這我們公司老闆的車，有什麼問題，等社團那邊通知我再跟你說。」

這句話完全是亂掰的，其實那是客人的車，也沒有什麼公司、什麼社團。但這些話讓他們聽得一愣一愣地，好像有那麼一回事，又感覺哪裡怪怪的。這就是我的目的。說得太清楚，萬一要開始互報堂口，找阿兄出來喬事情，我可是真的頭大。

帶頭的那個中年人眉頭皺起來，眼睛微瞇打量著我，從頭到腳，再從腳到頭。「好吧，那就這樣。」

與此同時，我開幕時期的兩個夥伴，都在拋車子，沒有人過來。他們離開之後，學弟才跑來問我發生了什麼事，我笑著解釋了一遍，然後問他們怎麼不過來處理。

「看起來很兇，我們不敢。」他們說。

聽過這件事情，小建一臉不以為然，「要是我，肯定會站到你旁邊。」

小建白白淨淨的，長個小虎牙，個頭不高，剛來的時候還有點肉肉的，像個鄰家男孩。我拍拍他的肩膀，過去的故事聽聽就好。我說。

眼前的這個屁孩，曾經因為晚上想去唱歌，騙師仔要回苗栗拜拜，隔天被抓包在休息室被我痛罵一頓，差點兒沒有拿塑膠板凳砸他。也曾經早上來上班，一進店門就慌慌張張，躲在店裡的車子後面。一問才知道，在路上跟一個開車的吵架，人家一路追著他到這邊。

小建有些地方像我，像是學習技術的速度不頂快，洗輪圈的時候跟我一樣會咬牙切齒，用牙齒幫忙出力。剛來時候有點肉肉的他，後來變得很瘦，十足的型男小鮮肉。看著他就如同看著年輕的自己，很屁孩也很愛玩。

待到我要他走為止，這句話確實重重地在我心口撼了一把，也許那個時候開始，我就把他當親弟弟看，也用親弟弟的方式對待他，要求也很嚴格。在店裡最穩定賺錢的時期，他是最常被「電」的那一個，初期做事不夠精準，加上愛玩所以經常遲到。我從來沒想到，陪我到最後的竟然是他，不是我從小看到大的柚子，也不是喇叭或者師仔。小建告訴我，他也很喜歡之前大家都在的時候，雖然他常被電。

後來他技術熟練了，也因為要教新員工、當榜樣，自己的仔細度提高了，終於也能獨當一面。那段時間因為穩定，我有很多時間支援總公司培訓加盟店，甚至跟著出差，前往北京參加「汽車售後服務市場展覽」，也到澳門去幫加盟店的勇哥培訓，到廈門、上海、天津去協助。外國客人經常會來參訪，整個公司感覺不停往上、往上，連帶地也讓他們覺得這個工作很有發展空間。

當時我有野心，可是終究沒有經驗，經常在員工面前畫大餅，規劃未來或許會開第二家店、第三家店。總公司有若干資源，只要我們努力，不會只是當個洗車工，未來有無限多的可能。

或許因為如此，而我口中的計畫遲遲沒有實現，所以喇叭離開了，師仔走了，柚子也離職了。全盛時期的王朝崩解得很快，不過短短兩年。這也是為何我對小建特別嚴厲，甚至如同對待自己親弟弟一般。我期待著洗車工變成一個事業，變成一個志業，讓這些願意跟隨我打拚的孩子們，有一個未來的地方。

小建當店長的頭一年過年前，我們業績還算不錯。那年我差點兒創下一個紀錄：一個人在外面洗了十七台美容車。一般洗車與洗美容車程序大不相同，美容車多了跑黏土、揀柏油，偶爾還得拋玻璃去除油膜。要不是當時還只是新進員工，現在卻成了跟我最久的店長最後跑來攪局，替我洗了最後一台車的一半，這個紀錄恐怕不會有人能破。當然，我累得半死，腰腿都不聽使喚，鞋子一直都是濕的。就算我自認老師傅，可以躲掉很多被滴到水的狀況，一趕起來也管不了那麼多。手指頭很髒，也懶得洗了，直接打開便當吃飯。

當時小建在美容區，我把鍍膜車交給他，一如過去的師仔。雖然在前面很辛苦，但我想用行動告訴他，他是師傅，他是做裡面的。

小建有一個很強大的能力，就是跟客人撒嬌，尤其是女客人。也因此招待女客戶的能力特別高，這應該算是附加價值吧。

一天晚上加班至深夜，好不容易趕工完一台鍍膜車，我們幾個坐在地上，看著自己辛苦的傑作。突然一陣安靜，四個人誰也沒有開口說話，享受那種疲勞過後的寧靜。

「這種感覺真好，車子做得超漂亮，很有成就感。而且我真的很喜歡這種一起患難的感覺，真的很喜歡。」小建說。

「希望明年，我們可以多開店，大家多賺一點錢。」我說。

小建開心地拍手，才發現最菜的那個員工，手撐在地上睡著了。

那天下班已經幾乎天亮，除了我以外，其他員工都睡在店裡面，兩三個小時後就要繼續忙碌的一天。

那時候很好，無關乎業績，無關乎人生，只有當下。有夥伴一起努力的感覺，那種汗水有意義地流下的感覺，確實讓人著迷。

●

經常往返兩岸三地的培訓以及參展過程，我與澳門的勇哥熟識。後來勇哥因為在澳門開店波折很多，先是與自己弟弟拆夥，接著找到的店面竟然裝潢完無法開工。最後兜兜轉轉，決定到台灣來發展，並且找上了我。

如同當時喇叭在我店裡工作一樣，勇哥一開始也是以一個員工的身分在店裡工作，等待找到好的店面，好的時機，與我合夥。基於這種壓力，加上對於小建當時給我的支持，不到一年我就努力在桃園找到了一個雙店面，雖然實際坪數沒有我的老店那麼大，但面寬夠，不是鐵皮屋，附近還有很多高級車商。為了這個新的店面我卯足了全力，想證明即使其他人離開了，我的店不但沒有倒，反而更加擴張。當時人手加我只有五個人，我很天真地認為一家店只要先兩個人，剩下的再徵人就可以，而我則兩邊跑隨時支援。

一間新的店，我總是浪漫。我花了比較多的錢找設計師規劃，不再如同當初自己發包，光是裝潢就花了超過一百萬；加上設備、器材、雜物家具，前後花了將近兩百萬。我與勇哥一人一半，並且說好各分出百分之五的股份給小建，讓他不必出錢就當股東。

因為太多錯誤的決定，每一個細節連結起來就變成了大錯誤，導致這家店的結果不盡理想。當時還沒跟我翻臉的喇叭也來看過，除了分析一些店面的優劣，我們彼此都認同，這個地段真的好很多，對面就是ＢＭＷ經銷商，附近還有其他高級車商。但是第一個錯誤的決定：其實我的人手並不夠。

人手不夠的狀況之下，可以接收的客戶數量就不足，預約必須往後推延的情況，會造成惡性循環。即使我兩邊跑來跑去，每天開車高速公路一日遊，也解決不了這個大問題。而為了做到我心目中的產業提升，洗車業本身是政府認可免開統一發票，每季國稅局會寄稅單，固定稅額繳錢就好。但我決定開發票，房東做事很謹慎，公證完是可以報稅的，但是房租除外的二代健保以及百分之十的稅要由我這邊負擔。

洗車業開發票，眼前就是利潤直接扣掉百分之五，接著每兩個月還得報營業稅。這樣的狀況下必須找會計師，而為了申報成本與費用，我還成立了勞保單位。有別於這個行業多半是個體加入工會，我這個方式如同一個企業一般，必須繳納所有公司應該繳納的費用，而不像以前一樣只是行號，勞健保只要找工會就好。

裝潢的投入成本還得攤提，每個月的支出遠遠高於過去，但我一心認為當個洗車工也能當得很有價值，產業升級從我做起。每台車開發票，這是前所未見的。但也因為如此，獲利被侵蝕得很厲害，加上兩邊都得盯著，我漸漸有了一些疏漏。

●

小建開始時算是勤奮，在店裡會待很長時間。偶爾我早上過去新的店，會發現員工休息區桌上，有滿滿的菸蒂。

「讓你入股了，雖然是乾股，你要在朋友面前以老闆的姿態出現，我沒意見。但是希望你明白，現在還必須辛苦一點，不要鬆懈了。」我跟他說。

他一臉抱歉，再三跟我承諾會處理好狀況，想著當時他對我的承諾，我心裡還是懷有感激。從喇叭口中很快會倒的店，到現在拓展成兩間，我對於一切感到滿意，相對地也給予小建很大的信任。

那時候開始，我漸漸地不開口罵人，總是一再地表明我的期待以及苦心。日本的社長來了，加拿大加盟店來了，南韓加盟店的也來了，統統都到我的店來參觀。儼然變成了品牌的形象店這件事，讓我胸口熱熱的，覺得這麼多年，總算做得了一件好事。

差不多是這個時候，路走歪了。

公司所有的帳我都會檢查，做了那麼多年，一天大概幾台車多少收入，一眼就可以看出帳目有沒有問題，何況新的店還有會計師查帳對帳。我犯的第二個錯誤，就是讓小建沒有出資就能擁有股份，於是他開始懶散，以老闆自居，認為自己可以開始享福了，卻忘了剛開店的時候才是戰爭的開始。

被我糾正了幾次，加上遲到嚴重被我扣薪水，小建慢慢地動起了歪腦筋。一直到我發現帳目嚴重有問題，公司已經被虧空了幾十萬。幾十萬在生意場上也許是小數目，但對於剛開新店燒掉了我全部積蓄，以及兩間店人力不足、頭尾難顧的狀況，著實有點麻煩。

與小建攤牌的時候，從眼神中我看出了他的不在乎。當老闆久了，你可以很快地在幾秒之內判斷一個員工的眼神。我知道他也許心不在這裡，處理完虧空的部分，也讓他到會計師那邊簽下退股同意書，我讓他離開。

回想說著「待到你不要我為止」，以及遇到人來賣茶葉，說「一定會站在我旁邊」的那個小建，我發現不是誰的錯，而是用手畫一條線，很難真正畫得筆直。所希望的路線永遠會有意外，意外發生的時候措手不及，回頭看才知道，因為畫線的時候手歪了，抖了一下，或者本來就站歪的，如何畫出筆直的線條？

有朋友問我，虧空公司的錢，沒有打算報警或者告小建嗎？業務侵占是可以提告的。我笑了笑，對於這件事，我始終不願意多談。也許相較於那些錢，我比較在意的是我失去了一個跟我說，會做到我不要他為止，會站在我旁邊的那個弟弟吧。

後來小建把錢還給了我，從此以後多了一個陌路人。日後想起，我只願意記得那兩句他對我說的話，而相處過程那些共患難，一起打拚的種種，我彷彿在腦海裡用特效將之淡化，漸漸地畫面模糊不清。我只感謝，在我最想放棄的時候他願意陪著我，這樣就足夠了。

兩年後，租約到期。新開的店被我以非常便宜的價錢頂讓給別人。一切回到原點。

兩年的時間像一場漂亮的煙火秀，燦爛、耀眼，覺得大有可為，然後戛然而止。剩下了最初的老店陪伴我至今，這段人生不是笑話，我嘗試過也失敗了，真正的笑話是我自己。

我們是，難不倒的洗車工

我希望自己不要做掐熄年輕人胸口那把火的人。火熄了，便和多數大人一樣，和我一樣，呼吸都是冰冷的。

過年前往往會很晚下班，最經常發生的是，晚上八點半，距離正常下班時間已經超過一個小時，所有人都待在休息室看著桌上的晚餐。除了音樂還透過音響傳出來，以及門外車子開過去的聲音，基本上大家都是放空的狀態。

「外面還有幾台車？」不管是誰問。

「好像還有兩台拋光、一台深層，還有一台鍍膜還沒洗。」

「今天兩點前有辦法下班嗎……」

這種時候，最有經驗的員工會試著把握時間吃完食物，但絕對不會稍微瞇一下，一瞇就成千苦恨，只要身體接收到休息的訊息，接下來的工作會比原本困難很多倍。

當時有個從苗栗北上發展的員工阿君，私立科大剛畢業半年，有個國中時便交往的女友在長庚當護理師。

眼睛瞇瞇的阿君個頭比較高，做事也認真。記得剛報到沒多久，阿君的手就因為藥水脫皮得很嚴重，為了減緩疼痛，一天下來不大敢洗手，洗車的時候會用蓮花指捏海綿。也許因為害怕或者其他原因，阿君一直沒跟我說手的狀況，直到我發現的時候，指甲旁都腫了。我買了兩盒醫療用乳膠手套給他，預防他的手更加惡化，接著拿了一條法國進口的超高級護手霜，根據阿君的說法，一擦就舒服，果然是浪漫的法國人，護手霜都那麼行。

結果隔天上班，阿君拿著護手霜的蓋子，欲哭無淚。也許是法國人太會做料理，連護手霜都做得太美味，放在置物櫃一個晚上，隔天醒來竟發現被老鼠吃光光。一般來說，老鼠頂多嘴癢咬幾個洞，但這次真的吃光光。阿君是個好孩子，覺得沒有保存好老闆的好意很過意不去，便怯生生地過來問我：「老闆，那條護手霜多少錢啊？」我在他還沒有說完下一句的時候，很快地回他：「兩條一組，折合台幣大概九千多。」

「喔，這麼貴喔……」

「是啊，那老鼠一餐吃了好幾千，懂吃。」

我明白他想賠我護手霜，但我沒有給他機會說出口。年輕人剛出社會，胸口有火啊！熊熊燒著，我希望這火能延續下去，而不是熄滅在老鼠的嘴巴下。賠了護手霜的錢，火就熄了一些，長此以往，便會像我一樣，呼吸都是冰冷的。

●

阿君的女朋友在加護病房工作，一次員工聚餐跟著我們一起，吃到飽的火烤兩吃，的確是豪邁的女漢子，吃的分量絲毫不輸給洗車場的餓死鬼，猶有過之。加護病房雖然辛苦，但薪資相當理想，相較於當時還是學徒的阿君，幾乎要兩倍。對於一個大男孩而言，當兵一年已經起步晚了，幾乎是青梅竹馬的女友薪資比自己高那麼多，加上女友身邊都是社會菁英級的醫師，阿君的笑容愈來愈少。

年前最忙碌的時候，我也沒有太多機會與他長談，但我發現每天晚上加班，一到十點左右，本來就瞇瞇眼的阿君會不知道神遊到哪裡去，眼神放空到外太空。身體還做著事，靈魂卻不知道跑哪兒去。終於我覺得問題有些嚴重，覷準機會單獨找阿君聊了一下，想從最根本的地方解決他的困難。

阿君的狀況，從其他員工那裡我大概掌握了一些，雖然現況無法改變，但我希望可以先讓他安心，一步一步慢慢走，找一個方向。

「君哥，感覺你最近一到晚上精神就不是很好，是不是生活上有什麼問題呢？我也明白最近你壓力有點大，不知道有沒有什麼是老闆可以幫上忙的？」

「老闆，有些事情不知道該怎麼跟您解釋。」阿君的狐狸眼，在接近凌晨看起來更小了。

「沒關係，我們說出來討論。」我試著讓他安心。

「其實我一直都是晚上十點就會睡覺，所以加班到晚上我會比較累一點。」他說。

「原來如此……」我恍然大悟。「那跟女朋友之間？」

「她倒是還好，有時候她得值夜班，所以不像我都是十點就寢。」

「你們沒有吵架吧？」

阿君搖頭。

原來是因為想睡覺啊。阿君是個好孩子，上大學前，每天早上六點就會起床跟父母親一起吃完早餐再去上學，晚上十點一定熄燈睡覺，如此作息鮮少改變，就連大學時候同學喜歡夜遊、夜唱都很少參與。這也真是太好孩子了吧！我在心裡讚嘆。

看著他眼睛都睜不開的樣子，後來我便與店長討論，讓他每天提早回去，減少加班的時間。一個好孩子就會堅持，還能撐的時候，阿君也會拒絕，喜歡跟著大家一起打拚，真的撐不住了才會一個一個同事鞠躬道歉，先行回家休息。但，從來沒有遲到過。

我們一起過了一個戰爭般的年前時光。年後沒多久，阿君找我討論離職的事。對於一個大學畢業生而言，我從來沒有期待他們會留在這裡天長地久，如果有更好的路可以走，我心裡會替他們開心。阿君跟我說，想找旁邊園區裡面的檢測工程師，而且已經趁著放假的時候去面試了。

一聽到檢測工程師這個關鍵字，店長第一個跳起來：「那個應該就是比較高級的作業員而已吧！」做二休二，感覺起來的確是作業員才會有的上班方式。我跟阿君分析了一下，作業員並沒有不好，但是我這裡的確有過當作業員十幾年的人來面試，雖然後來做了一個月就受不了離開，但從他口中也清楚了這個工作的被取代性極高。一旦景氣不好或者沒有訂單，第一個被裁掉的就是作業員。等到景氣恢復了，或者收到了大量訂單，那些科技公司可以在很快的時間裡找到很多人來工作，如同免洗。而阿君的年紀還很輕，做事勤快又有想法，我實在不願意他那麼早就變成那樣機械式的工作零件。

「老闆，至少薪水高了一點，不會跟女朋友差距太大。」他說，「而且最近好像有個醫生在追她，我覺得有點危險。」

薪資沒辦法很快給到太高，是我們這個行業的限制。要當一個洗車師傅，需要時間累積經驗，但眼睜睜遇到了現實的問題，對於剛出社會的他來說，確實很恐慌，無法慢慢等到累積出成果，等到真正出師。我們都明白，現實不僅僅是沉重的枷鎖，更是會把人無止境拖往後方的武器。一個不小心，不只不能往前，甚至會退後。

「你大學念資工，沒想過往資訊工程、寫程式這邊著手嗎？」

「老闆，我念大學其實有點混，真的要走這行可能還不太行。」他苦笑。

沒事的，總有一些方法解決。虛長了他幾歲，總認識比較多的人，恰好我最好的朋友就是寫程式的工程師，便找了機會讓他們好好聊聊。他們聊的時候，什麼JAVA、SQL，這些火星文我是一個都聽不懂，但是看著阿君認真的模樣，我覺得這一切應該有可能。

最後我幫他查到職訓中心有開相關的課程，之後還會有實習跟介紹工作，我讓他趕緊去問問。

「老闆，那個學費要二十幾萬。」他說。

我們聽到這個數字之後，的確有些茫然。我也沒把握這樣給他建議，究竟是對還是錯，會不會他真的去當檢測工程師，會有更好的人生？但不管怎麼說，應該都比待在洗車場強多了。

阿君離職的時候，我不知道他有沒有去檢測工程師那邊報到，我不敢問，怕問了就會給人壓力。我在心裡祝福他一路順風，再次與阿君聯絡上，已經是隔年的農曆年前。

●

阿君打了通電話給我，問我們年前放假的時間是否一樣，他恰好要從台北回苗栗，路上想繞過來一趟，看看剛從加拿大帶回來的大狗，順便請我們吃麥當勞。每年除夕前一天大掃除，請吃麥當勞已經是慣例，阿君還記得，我也沒忘記。

那天的麥當勞不是阿君出的錢，是過年領了很多很多獎金的店長。我打死不出錢。阿君跟我說，後來他還是沒去報到。雖然很想趕快領多一點錢，很想很想，但是年輕只有一次。雖然職訓中心的學費很貴，但是阿君決定回家跟父母討論，最讓阿君意外的是，父母聽到阿君想去上課，二話不說立刻願意借錢給阿君。

「我想還給他們，他們不知道會不會拿。」阿君咬著漢堡一邊摸著狗跟我說。

可能會，可能不會吧。阿君與我看到的其他孩子最大的不同，就是選擇之前，願意跟我討論，願意跟長輩討論。太多人很怕開口，就如我也是。怕提出來被嘲笑、被責備，於是選擇自己認為最安全的方法。其實，那往往是最笨、走最多冤枉路的方法。

過去的歲月我一樣迷惘，很多時候如阿君一般無助。但我非常佩服他，有把話說出來的勇氣，也因此選擇了不同的路。阿君過來的時候，職訓中心的課已經結束了，正在南港實習，每天跟一堆同學一起努力，雖然辛苦但是很充實。

「老闆，同學裡面很多都是好學校的，我覺得自己差他們很多，但是我一定會努力，我現在可以晚上十一點才睡覺了喔。」他笑著。

目前看起來，他的成績很有可能繼續留在目前的公司，薪水比當檢測好一些，而且未來可以繼續進修，還有可能進一步發展。

「那你跟女朋友？」我問。

「分手了。」阿君摸著狗，「我離職沒多久，我們就分開了，她跟那個醫生在一起。我們還是朋友，久久會聯絡一下近況，畢竟在一起很久，很習慣了。但是分開了就好，我覺得人生還很長。有時候晚上寫程式很累，我就會想起我們過年前那種忙那種累，就覺得好像什麼事都沒什麼了不起，我都撐過洗車工過年前的時候，沒有東西可以難倒我了。」

沒有事情可以難倒我們的。

因為我們是洗車工。

輯三　堅持的這條線

我知道，總是會有值得的人等著我，讓我用盡全力去拚搏。
這一切，都會有意義。

那些客人教會我的事情

我們這行是這樣的，抬頭看天吃飯，低頭鞠躬哈腰。客人刁難有時，暖心有時。無論如何，最重要還是心裡那把尺。

剛開業那陣子我經常抬頭看天空。有時候豔陽高照，有時候烏雲密布甚至下起了大雨。我看天吃飯，天氣好的時候車多，天氣不好的時候車少。遇到梅雨季甚至颱風天，我好幾天沒有車。所以我得抬頭望天，張嘴，讓自己溫飽。

人生邁入了很奇怪的地步，以前寫作低頭打字，比較合乎吃飯的樣貌，抬頭吃飯的人生貌似新鮮，那時候一股傻勁兒，不知道何時會走到盡頭。開幕初期，豔陽高照卻偶爾會一台車也沒有，新店家就是這樣，還沒有培養出固定的客源。那時我會讓員工去發傳單，有一回員工剛出門沒多久，來了一台跑車，車上的客人一下車就把鑰匙丟給我。那是我第一次如同宮廷劇裡頭的奴才，雙手捧著去接客人的鑰匙。

「打蠟。」他說。

「跟您報告，我們的產品不是傳統的蠟，是一種日本最新的……」

「你弄就好了。」這位大哥性子比較急，「對了，引擎蓋上面那個，幫我順便處理掉。」

我低下頭看著他指的地方，那是停在樹下被滴到蜜蜂大便，一顆很小的凸起並且染上黃色的顆粒。上頭有明顯的左右劃痕，看來這位大哥嘗試自己動手去除，不過失敗了。

「跟您報告，這個是蜜蜂大便，所以可能沒辦法弄掉。不過這個黃色的部分只要晒太陽，色素就會——」我很恭謹地回答。

「你弄就對了，講那麼多幹嘛？」

「抱歉，施工前要跟您解釋清楚，避免後續——」

我的解釋不斷被截斷，那種感覺很不好受。

「你怎麼廢話那麼多？叫你們老闆出來。」

我把鑰匙雙手遞給這位開跑車的大哥，「抱歉，我就是老闆。」
「然後呢？」他接過鑰匙，一手扠腰看著我。
「然後我可能沒辦法幫您服務，謝謝您。」
這什麼店家！給你賺錢還這種態度！
他罵罵咧咧地走了。

師仔總說我是老鷹，他是鴿子。或許是吧！我總是有一股氣，悶在胸口，即使落在這個世界離地面最近的地方，也不願意讓人知道，我是抬頭看世界的。
後來也遇過駕駛座軌道掉了硬幣，卡住了椅子無法前後移動，假裝來我這裡洗車，洗完之後硬賴我們把硬幣卡住要我們負責的韓國人。摸摸鼻子，開去旁邊的保養廠，拆椅子從軌道拿出那個硬幣，工錢恰好就是洗車的費用。就當作免費替他服務吧，我安慰自己。

很多年以後，有個客人來美容。交車時詳細解釋了施工項目，客人一臉不滿，指著引擎室下面隙縫處，「這裡為什麼沒有清潔？」

員工一時不知道怎麼回覆，我趕緊走過去。

「您好，這個部分我們手伸不進去，跟您說聲抱歉，施工範圍以我們能夠碰觸到的為準。」

「那玻璃呢？沒有擦乾淨，上面都是水痕。」他說。

「跟您報告，這個玻璃的水斑已經太久了，要施工玻璃項目才有辦法清潔，您看，我們拿布擦拭過了，保證內外都是乾淨的。」我用手指使勁搓著他說的水痕，「那麼用力都擦不掉，可見需要特別處理了，不是我們沒擦乾淨。」

「這個東西你們本來就要處理掉啊！」

「其實不是的，不好意思，讓您誤會了，這部分要額外的施工才能處理，」我指著價目表，「我們有這個項目的處理方案。就像去麵店吃陽春麵，要加滷蛋也是要加錢的。」

「你們真的很差勁。」

我連聲道歉，客人好像接受了。至少是心平氣和地離開。

那一天我的腰彎了又彎，鞠躬不停。後來還是接到總公司電話，我們被客訴了，客人大肆批評我們，從頭到尾被嫌棄得沒有一塊好的。我要了客人的電話，親自打去道歉，在電話這頭，我依舊習慣性鞠躬哈腰，雖然客人看不見。我想我已經做到了最大的努力，沒想到電話再次響起。

「客人一打來就說你們太誇張了，打電話口氣很差，推卸責任。」

接到總公司電話，我不知道該怎麼回應。老鷹已經變成鴿子了，還是不夠，我覺得我應該變成麻雀，或者蜂鳥，愈小愈好。

如果可以變成灰塵那麼小，我可能就自由了。師仔離開之後，再怎麼倔強我也受到了打擊，萬念俱灰想把店收了。那陣子我總喜歡回頭看自己的改變。從老鷹變成鴿子，大概就是其中之一。過去寫作時間因為腦子一直動，晚上總不容易入眠。洗車工生涯開始之後，忙碌了一天幾乎腦袋碰到枕頭就睡著，而那段時間，我總得在睡前灌上一杯威士忌才能好好睡去，忘記現實中的麻煩。

●

還有一次，從總公司收到一封電子郵件，裡面只有一張照片，是通訊軟體的內容。客人傳了自己儀表板里程表的照片，信件只有說「太誇張了，車子留在那邊，不知道被開去哪裡」，這樣的內容。我找來所有同事，檢視當天的監視器，發現我們根本沒有將客戶的車子移出店內過哪怕一秒鐘。我讓員工買了容量夠大的硬碟，將影片燒錄下來，花了整整一天。並且請總公司轉達客人，我們都有監視器，內容隨時歡迎過來檢視，證明我們沒有胡亂開動客人的車輛。然後，該位客戶就已讀不回了。

從此以後，只要是做鍍膜要留車的客戶，我都會強制要求員工務必登錄到店時的里程、油量、車子外表狀況，來釐清車輛現況避免糾紛。偶爾，客戶是來教育我們的，讓我們知道自己做事有所不足，程序上、溝通上都還有更加嚴謹的空間。有人會說，啊這就是「台灣鯛」啊。就是奧客啊，刁民啊。事實上，這些年來確實遇到不少類似的狀況，但是每一回的刁難其實都是自己有所疏漏，如果做得滴水不漏，如何能夠被刁難？

當然，很信任我們的好客戶也是多不勝數。那種全心相信你的技術，相信你的服務的客人，每每讓我們滿懷感激。也因此，不管客戶多麼熟稔，如果我交車，一定九十度鞠躬。就算是自己的同學老朋友也是如此。面對熟客跟朋友，更是不能馬虎。

這讓我想起台北文學獎頒獎典禮那天，有一個刻印章的小活動。我很開心地活字印刷了自己喜歡的字，體驗完之後，我下意識地九十度鞠躬。當然，這件事情我是不會記得的，畢竟都說了是下意識的。回到家之後，發現臉書被人標記了，是活字印刷的朋友，在粉絲專頁上面說，在活動結束看到我對他們九十度鞠躬，覺得心裡暖暖的。

暖暖的，我的心也是。

就算遇到很多台灣鯛又如何？那使我們變成一個溫暖的人，讓我們可以在任何時候保持一顆謙卑感恩的心，對於所有工作人員、所有夥伴，永遠致上最高的感謝。這就是這些客戶教會我的事。

●

這洗車人生到了某個階段，我總是在送往迎來，如同破敗的怡紅院。每次覺得這人生終於到了十足妥當的時期，總又有人離去，然後一切重新開始。這麼反反覆覆其實很累，一種從靈魂開始的疲憊。業績好的時候怕人手不夠，怕人員訓練不好出包；業績不好的時候擔心房租付不出來，薪資發不出來。所幸截至目前為止，我未曾拖欠過任何一次薪水。

活著只為了準時付薪水，這人生的代價很大，太大了。被環境慢慢改變是恐怖的，當作家的時候以為人生可以揣測，每一個生命都可以藉由田調，藉由採訪以及聊天勾勒出輪廓。但是有一種生命是無法勾勒出來的，那種在很底層的地方仰望這個世界的生命，該怎麼形容那種脖子的酸楚呢？我不清楚。

但我明白，總是會有值得的人等著我，讓我用盡全力去拚搏。總會有人在遠方告訴我，這一切都有意義，會像童話故事裡面的泡泡，雖然很虛浮飄渺，但是戳破了以後不見得是無盡的空虛。有時候泡泡裡面會掉下禮物，端看你有沒有仔細去尋找，仔細去挖掘。

然後，洗車人家的故事就開始了。

週休二日的美麗與哀愁

人們出賣勞力、靠習得的知識技術賺取生活費，卻沒有更多時間去生活。這種循環究竟是誰造成的？

政府開始推動一例一休的時候，我有兩家店，各有兩個員工。那時新開的店剛經歷了虧空公款事件，還在緩慢復原的階段。那一年的農曆年前，我實在有點悲傷。農曆過年前對洗車業來說，如同百貨公司週年慶。平常會固定時間整理車子的客人肯定會來，平常少來的客人也會來，從來沒見過的客人也會跑出來。

於是年前的業績好壞，關係到這個年大家好不好過。那一年狀況很差，本來的老店，因為接手負責店務的員工經驗比較不足，不知道要事先安排好車子預約，導致前半個月沒什麼車，後半個月太多車接不來，無法截長補短的狀況下業績掉了四成。但我擔憂的不是這件事，而是一例一休該怎麼實行。我每天往來兩間店，都曾經試探地詢問員工的想法，每一個人都跟我表明，週休一日習慣了，所以沒差。

對我來說，差別很大。我始終希望自己是循規蹈矩的人，做生意不占便宜，更不要從員工身上剝削他們的福利，帶來自己的利潤。問了幾個前輩以及友店，他們都是每個月增加兩天放假，剩下的補薪水。每個人都勸我，真的週休二日，你的人力會吃緊，多請一個員工利潤就會很薄，對經營來說是不好的。過去我都是依靠這些前輩以及同行的經驗來確立自己的方針，剛開店什麼都不懂，別人怎麼做，跟著做就對了。但這次我很固執。這固執帶來了哀愁，也帶來了美麗。

我總是不解，員工們口中的「沒差」，究竟是真的覺得多那一天假沒幫助，或是因為長期的習慣，讓他們害怕改變，害怕不一樣？

我偶爾會想到，如果早點施行週休二日，喇叭有更多時間可以陪小孩，甚至排休安排一下，可以連休三日不必請假，帶全家大小一起出門玩幾天，是不是才是正常的生活？師仔呢？連新年假期都不知道要幹嘛，問我可不可以開店收客的他，多了假日之後會不會開始懂得找一些地方去走走，看看世間的風景呢？

我決定年後開始，每週一公休之外，再多放一天。

這個時候有個很難排除的困難，一家店目前只有兩個人員，只要一個休息，另外一個就必須單幹。單幹的狀況很麻煩，你不好去上廁所，中午不好買飯；如果正在跟現場客人交車或者介紹，電話響了會焦頭爛額。我可以支援休假時候的人力，可是兩間店總有同一天有人放假的時候，我無法一分為二，人力問題終究很難解決。

於是我下了一個錯誤，卻也最讓我驕傲的決定：不管如何，徵到新的人來之前，每週一、週二都固定放假。

店長第一個反對：一週有兩天店門沒開，客人會以為我們經營出了什麼問題，影響形象。其他朋友也要我深思熟慮，一週少做一天，業績會直接受到衝擊，到時候薪水發不出來就糟糕了。但我認為這只是過渡時期，如果今天不做，以後就會苟且，與其苟且我寧可希望勇敢面對過渡期的損失。

後來事實證明，過渡期可以很短。

那年的年中，我就因為實在撐不下去，把新開的店頂讓了。頂讓這個決定我思考很久，也跟身邊的人討論多次。那段時間誰也不知道的是，為了不要拖延發薪，我有時候都要想辦法籌錢。我把投資型保單解約了，還得拿另外一張保單去貸款。每個月的房貸不敢遲繳，所以到了月初，我就會開始想辦法找錢，或者想辦法拉幾台鍍膜車，度過難關。

那時候為了要繳貨款，店長前幾日忘了把刷卡機按下結帳，我就會因此破口大罵。自從小建離開之後，我幾乎沒有罵過人了，可見當時的資金壓力有多麼大，大到我無法控制自己的情緒。忘記按結帳，就代表之前刷卡的款項不會入帳，我的資金就會出現破口。很久以後我才跟店長道歉，為了那個情急之下的怒火。店長說，那時候感覺不出來我有那麼辛苦，房租、保費、稅金都沒有延遲，最重要的薪水也沒有缺漏過。

留著老店而放棄新的店，很多朋友感到意外。畢竟新的店什麼都好，地段好、面寬夠，裝潢更是漂亮得不得了。就發展性而言，新的店更是有無窮潛力，老店的位置普通，附近沒有高級車商。

但我明白，如果我還待在這個行業，最終會支撐我不要放棄的，就是這幾年信任我、對我不離不棄的老客戶。新的店美則美矣，也許因為太漂亮了，我對它的感情如同桌上美麗的花瓶，上面擺幾枝漂亮的花。兩年過去，我終究沒有真正對它投注很深的感情。老店則不一樣，我始終覺得我的靈魂有一部分留在這裡，鑲嵌在這個鐵皮屋的某個地方。

●

收掉一間店等於宣告自己的失敗，我這樣愛面子的人更是感到難堪。那陣子只要去吃飯，聽見店員問我「要不要打統編」的時候，我就會很感傷。可以打統編報費用的公司沒有了，這幾年勾畫出的藍圖是笑話一場。然而回到老店，所有員工歸建之後，終於開始正常的週休二日，一天公休一天排休。

起始時大家還只是新鮮，過了沒多久，所有人都跟我說，好像比較少感冒了。往年只要一到旺季，尤其是過年前濕冷的時候，因為體力上超過負荷，加上洗車場總是整個空氣布滿了呼吸都會痛的水花，感冒就像遊樂場的打地鼠，打完了一個另外一個又冒頭。即使再三地要求員工感冒就要休息，上班要戴口罩，但真的忙起來，疏忽的時候還是比確實執行的時候多太多。你傳染給我，我再傳染回去給你，根本就是病毒窟。

收了一家店，但換來員工身體健康，感覺好像很划算。除此之外，我還告訴他們，不是週休二日就功德圓滿了，我還打算調薪。但這調薪的方式有所不同，我希望找一天時間，每個人都跟我聊聊，覺得現階段自己應該拿多少薪資，而我也會將我心中的薪資條件告訴他們，來回磋商一下。

聽到我這個決定，每個人都搖頭：「老闆，你說了算，我們沒意見。」我說不行，台灣人就是這樣，很怕表達意見，所以感覺委屈了不敢說，最後就直接跑走，這麼多年我能說的都是誰又怎麼離開了，誰又怎麼跑掉了，說到我都膩了。要解決這個狀況，除了放假要正常之外，當然就是建立完整的管道，包含薪資的談判。

這也是對他們的一種訓練，日後離開這裡到了外面更大的世界，也具備基本的能力，至少有辦法開口爭取自己應得的。談薪資那天，每個人還是一樣沒有意見，我聽老闆的，我覺得現在這樣很好。

在我的半鼓勵半脅迫之下，他們總算可以開口說出一個數字，我也照單全收，並且告訴他們我同意的理由。「只要你們開口，事情就這樣決定了，就怕你們不開口，未來也不會懂得開口爭取了。」我說。

後來新聞開始有一些關於例休的事，例如某個大企業讓員工打AB卡，躲開加班，或者是遇著該放假的時候跳過打卡，或者是由公司統一打卡。同事們很氣憤，那樣大的企業喔！這一點錢也要從員工身上貪。轉回頭看著我，我笑了笑。

「老實說這沒什麼了不起的，最多就是我們照規矩做。別人家怎麼樣我管不著，也沒能力管。現在大家習慣了一週放兩天，如果改回來只放一天，你們肯定誰都不習慣，對吧？」

慣老闆啊。回頭想想過去的年頭，我不也是慣老闆一員嗎？週休二日這種在大多數公司稀鬆平常的制度，在服務業卻是幾乎不可能發生。我總喜歡說我們是技術行業，出賣我們的技術以及知識，替客人解決車子外觀內裝的問題，事實上我們替客人服務，在這個社會就是服務業。服務業最忙的時候就是週末假日，這個時候要放假幾乎是不可能的。而真正週休二日實行，至少在洗車業我沒有聽聞過。放假少了，薪水也不見得比較多，那麼這些付出到哪裡去了？

我們不過是這龐大黑暗結構的一部分，還有更多的產業如我們一般，甚至誇張許多，但是面對勞檢、面對社會，這陰暗的角落總沒有被揭露的一天。當中受到不平等待遇的人們甚至習以為常，如同我的員工，開始時也認為不需要改變，不需要改變。而一旦改變了，才能體會應該怎麼過人生。你努力出賣勞力、出賣習得的知識技術賺取生活費，卻沒有更多時間去生活，這種循環究竟是誰造成的呢？

沒有很了不起，我只是照著規矩走。只是在這個行業這樣走，跟大家逆向了，不停碰撞之下比較累。但是看見同事們因為放假多了，花的錢也需要更多了，因此更努力工作讓業績提升，這或許才是真正的經營方式。

我懂得太慢，但現在就開始往前走，永遠沒有太慢。至少我往前走了，雖然這麼走著，員工一樣會來來去去，偶爾也會遇到還是得自己單幹的時候，但我心安理得。願我一路向前。

關於「信任」，我的收費是……

牛皮吹久了，總有天會不攻自破。

彼得哥開著車子過來的時候，態度相當親切，一來就客氣得不得了，施工的時候這邊拍照、那邊拍照，說要替我們在社團裡好好宣傳。那是剛開幕時大哥塞給我們的促銷方案，跟品牌特約的幾個車隊擁有我們的開幕優惠，美容項目限量五折。五折是非常划算的價格，在台灣這種無時無刻不講求C／P值的社會，預約很快就滿了。

這個豐田的車隊人數很多，彼得哥似乎是車隊裡的意見領袖，因為熱愛分享，車子也做了不小的改裝。例如車門邊的隔音條，全車燈泡改成LED，改加大輪框國產改裝剎車等等。

「你們這邊很明亮，師傅也很有朝氣，服務態度特別好，我一定會幫你們好好推薦一下。」

彼得哥說，「對了，我前面保險桿有一點擦傷，能不能特別幫我處理一下。車頭那邊有些小石頭打到的洞，看能不能也幫我補漆。」

「沒有問題，這些我們都可以幫您服務。」我說。

大型房車施工時間本來會稍微久一些，因為彼得哥客氣，我們當然也不含糊。那天從早上一直施工到下午，用餐時間我還買了便當給他吃。黑色的車身因為不正確的洗車方式，加上豐田的車漆本來就屬於水性烤漆，質地較軟，有著大大小小的刮傷。我特別用心處理，甚至還換了更好的機器，分成兩道程序去拋光。我做事的時候，彼得哥在旁邊跟我分享他的愛車，我聽得頻頻點頭。

「老闆，看你那麼年輕，實在很羨慕，不像我整天待在學校，跟你們做生意的比起來差遠了。」彼得哥說，一邊湊過來，把已經脫落的車門隔音條重新黏好。

「沒有啦，就小生意而已。」我說，抬起頭，「彼得哥，那裡讓我來處理就好，你不要忙了。」

「沒事，我就簡單弄一弄。」他說，「這個隔音條啊，效果特別好，你聽聽看我這個關門聲。」

說完，砰的一聲，他直接將門關上又打開，我的手在旁邊措手不及，差點被夾到。

在洗車場有個慣例，不管關門或者開門，一定要喊出聲：「開喔」、「關喔」。這是最基本的，無論當時跟你一起施工的同伴距離多遠。一旦忘了喊，出了意外，那真不是住院幾天可以搞定的。

我將手縮回來，因為他是客人，我不能像訓斥員工一樣破口大罵，只能吞下去。

彼得哥是國中老師，瘦瘦的戴著眼鏡，穿著POLO衫牛仔褲，講話很有活力，所以不會停。

「像我這個鋁圈，加大了以後開起來非常穩，在高速公路上面隨便都可以跑一百六以上。」

「真的喔，那很快呢。」

「可不可以給我一條布，內裝那邊我擦一下。」

施工時最討厭的，不是客人在旁邊聊天，而是客人把車交給你，又喜歡自己動手。彼得哥剛剛已經拿了不知道什麼潤滑噴霧在門邊噴了很久，讓我為了收拾他噴完的痕跡多花了二十分鐘。現在他拿著布，在排檔桿旁邊像古時候河邊搓洗衣服那樣拚命搓著。

「彼得哥，這樣搓可能會受傷喔，要不要交給我來。」

「沒關係，我就試試看。」他說，「對了，這罐漆給你，待會兒幫我補一下車上的洞，麻煩了啊。」

因為他客氣，所以我也就無所謂了。

就這樣忙碌了老半天，員工阿智光是幫他補漆又多花了十來分鐘。本來三個小時以內就可以搞定的項目，花了六、七個鐘頭，然後收費是半價。好不容易才送走了這個彼得哥，我覺得筋疲力盡。不單是身體的勞累，聽他講著那些似是而非的改裝理論，讓我應付他也不是，附和他也不對。我並沒有覺得他的那些改裝很廉價，只是那些基本的改裝不是什麼了不起的東西，聽他說著自己一顆鋁圈就花了快一萬塊，彷彿人間逸品高檔到極點的時候，我的表情肯定很精彩。

我覺得改裝得很好很漂亮，但是我自己的鋁圈一組超過十萬，要我對他的一顆一萬鋁圈拍手推崇，真的有些難。彼得哥的車至少是完美搞定，除此之外都是小事。我以為事情就這樣過去了，隔天一早，我接到總公司的電話。

「昨天是不是有那個車隊的人到你們那邊施工？你被人家在家族PO文章批評得很慘，你先去看一下。」

我心裡覺得不太可能，打開電腦才發現，昨天的彼得哥說要替我們好好宣傳，原來是將我們批評得體無完膚。文章大致的重點有幾個，排檔桿附近，說我們處理不當，讓他排檔座掉漆。這個似乎是他自己堅持要拿布在那邊搓啊搓的。還說車子側邊被我們施工不當導致掉漆，然後為了逃避責任，我們私自將他補漆，結果被他「慧眼」發現。

那個當下我立刻把阿智叫過來，問他照片裡面那個補漆，是本來就有的傷，還是我們施工不當造成的。阿智皺著眉頭，有點膽怯但是很堅定地告訴我：「老闆，那邊本來就掉漆了，他讓我們補漆，我就想順便把那裡也補起來。」

我看著阿智，停頓了大約幾秒鐘。阿智有點緊張，但不像說謊。我從他的表情看出了很濃厚的委屈。我明白他是好意將客人的要求做到最好，被這麼批評，他的心裡肯定很難受。

「那就好，剩下的我會處理。你先去櫃檯，把昨天他來的那段時間的錄影調出來，我要做一些紀錄，順便自保。不必擔心，你做得很好，就算被客人這樣說，你也沒有做錯任何一件事。」

●

我將彼得哥親手遞給我補漆罐的影片截錄下來，放在電腦桌面的時候，電話響了。彼得哥打過來：「老闆，有些事情我想跟你講一下，看你怎麼處理。」

「喔？有什麼需要我處理的嗎？」我語氣平靜地說。

「昨天我在貴店消費，發現排檔桿那邊有嚴重的擦傷，是你們施工不當造成的。另外，你們把我的漆打壞了，還擅自補漆想掩蓋，我覺得你有必要跟我好好把……」

等等，彼得哥。

我笑了，也大概明白是怎麼一回事。

「彼得哥您的意思是，這些都是我們弄的？」

「當然，昨天我也就去你們那裡處理車子。」

「所以您決定先發了文章，然後再來找我處理？」我說。

「也不是這樣的，我只是當時覺得有必要先跟車友說明，所以……」

「如果您先跟我聯繫的話，一切都很好談，但是我想跟您報告，補漆罐是您親手拿給我，讓我們幫您補漆的，您在網路上所說我們『擅自』幫您補漆這件事，我覺得非常離譜。當時的監視器畫面在您這通電話之前，我已經截錄下來，如果您沒有給我一個滿意的答覆，那麼就要麻煩您法院見了。至於車內排檔附近的傷，您還記得昨天您在那邊處理的時候，我有制止您嗎？那個傷究竟怎麼來的，我想您心知肚明，很遺憾，在沒有跟我確認之前，您就想先在網路發文，然後藉此讓我感受到壓力，不過與您認知不同的是，我相信我的員工，我也相信我自己。您好好想一想，我們再來談如何處理，如何？至於排檔桿部分，雖然我確定是您自己弄的，但是監視器拍不到車內，我不會因為這樣就誆騙您，放心。」

我掛了電話之後，阿智在旁邊很激動：「老闆，真的不是我弄的。」

「當然不是你弄的，就算要賠錢，我也相信我的員工。」我說。

幾個小時以後，那個車隊家族的討論區，多了一篇「還給店家一個公道」的文章。我仔細讀完之後，總可以想像那個斯文的彼得哥在電腦前，一個字一個字按下鍵盤的模樣。最後，他澄清了我們沒有擅自幫他補漆，而內裝那個傷痕也無法確定是我們的問題。

之後的通話，我承諾要將內裝那一塊更換的費用完全負擔。

「老闆，為什麼要賠這個？又不是我們弄的！」阿智很憤慨。

「阿智你要記得，我們終究是開門做生意的。針對被抹黑、被誣賴的部分，為了我的員工，也為了我自己，我當然可以跟他據理力爭。但是客人已經退了一步，我們也不該咄咄逼人。風險承擔本來就是開店做生意的成本之一，下次我們記取教訓，這筆花費就很值得。」

阿智一臉似懂非懂，我笑了笑，拍拍他的肩膀，往休息室走去。

「老闆。」阿智叫住我。

「怎麼了？」我揚眉。
「你說的那個什麼『剁』逼人，是什麼意思？」
昏倒。

彼得哥修理好排檔底座那一天，拿著維修單過來跟我請款。那天我比較晚到，他蹲在門口等了我十分鐘。我開著我的MINI，在店門口停了下來。
「彼得哥，抱歉久等了。」我鞠躬。
「沒有，我也才剛到。」他說，眼睛盯著我的車，「這你的？」
「對啊。」我接過單子，從皮夾掏出錢，遞給他。
「聲音聽起來真好聽，改很大喔？」他收了錢，還是在看車子。
「沒有，沒怎麼改。」我尷尬地說。
「你這鋁圈真好看，是什麼牌子的？」
我在心裡嘆了一口氣，把品牌以及型號告訴他。彼得哥拿出手機，好像立刻在查詢一樣，我跟他點點頭，走進店裡。

後來，只要有人跟我討論改裝車子，改裝品牌，我都不敢大放厥詞。每次我想到彼得哥看著手機、查完改裝品資料之後一臉尷尬的模樣，就會不斷提醒自己。我不要當那樣的人，這個社會有各種各樣厲害的傢伙，貌不驚人但是實力雄厚，我一定不要發生這種吹牛皮半天，結果被人家在心底嘲笑的事。永遠不要。

而且我要讓阿智把「咄咄逼人」這個成語背起來。

就當作我第一時間就選擇信任他的收費吧。

無法標價的東西，叫「人格」

有人為了錢可以捨棄自己的責任與人格，有人即使被迫造成困擾也沒有任何的怨懟。如果說人格無法標價，那最貴的，大概就是「經驗」了……

賴桑第一次來的時候，我可是完全被他的身高給嚇壞了。看起來差不多一米九的身高，說話聲音洪亮而且每一句話裡面都有髒話。當時他開著一台限量的黑色凱迪拉克豪華轎跑車，隨便問了一下消費內容，車子丟了人就走了。等到完工通知他來牽車的時候，價格是一千八百元。他丟了兩千元，不等我找錢給他，帥氣又洪亮地大吼了一聲，當然對我來說是大吼，對他來說可能只是一般說話音量而已。

「氣譜啦！」

我問了人，才知道那是小費（Tip）的意思。後來想盡辦法要把那兩百塊還給他，一直到這麼多年也沒有成功過。

賴桑是我的老客戶了，直到寫下這段故事的這個時候，依舊還是。對於賴桑，其實心裡也是感激又歉疚。當時我們必須幫他牽車來施工，或者他開過來之後，我們要載他回公司。一天早上，我印象超級深刻，太陽大得嚇人，我還沒到公司就收到了喇叭的訊息：賴桑的車被撞到了。

我急忙趕去派出所，賴桑的車右半邊被撞壞了，我粗估一下大概要花費三萬塊左右的維修費。我知道賴桑有保險，但是我們也不可能要求他的保險支付，我只好硬著頭皮去派出所解決這件事。

肇事的人說自己要去醫院看母親，可是酒測的結果他沒有通過。簡單來說，他酒駕。做完筆錄之後，我讓喇叭先回去公司，我自己聯繫完賴桑之後，就在派出所跟肇事者協調賠償的問題。

「我是記者，絕對不會跑掉的，你放心。」那個肇事者說。

「就算你是記者，也得先付錢跟我和解，否則我怎麼確定你不會賴帳。」

「年輕人，我告訴你，這個我很有經驗，你車子先修，修好了之後聯絡我，我會過來付錢。」他說。

「這不可能，萬一你跑掉了我不就倒楣了。不行，你一定要跟我簽和解書，不然你就必須先給我維修費，晚一點維修場的報價就會出來了。」

這個記者先生非常堅持不會有這個問題，最後還拿出他的健保卡跟身分證，說要押給我，保證不會跑掉。旁邊的員警什麼也沒說，一副你們自己解決的態度。最後僵持不下，我只好拿了對方的證件離開。

三天後，如我所料，要付錢的時候對方就人間蒸發了。一個人要消失的理由有幾千幾萬種，總之不讓你找到他，非常簡單。我拿著對方的證件去派出所問員警，才知道我從頭到尾都被騙了。

「既然如此，當時你聽到他說要給我證件，你怎麼不跟我說？」

「你們雙方的協調和解，跟我沒有關係啊。」員警說。

總之，我學到了經驗，只是有點貴。

為了表達對賴桑的歉意，那次的施工我沒有跟他收費，並且還賠償了將近三萬元。賴桑從頭到尾沒有表達任何的不滿，即使車子因此沒辦法開，而且還碰撞過，都沒有任何的怒火。相較於他那嚇人的體型，我認為這樣的結局，比我被生吞活剝來得好太多。

這世界上幾乎所有東西都有標價，對我來說，最貴的標價是「經驗」。我從來不懂得怎麼做生意，對這個社會的真正規則其實也是模模糊糊，靠著別人口述的經驗，其實不是那麼深刻。只有從身體去記得，那才是真正屬於自己，別人偷不走的。

而對我來說，無法標價的東西，叫做「人格」。有的人為了三萬塊錢可以捨棄自己的責任與人格，有的人卻不會因為自己被迫造成困擾而有任何的怨懟。

這些年我有太多太多的客戶，誰又能想到，這樣一個每次來都要逼我吃檳榔、說話超級大聲的客人，其實靈魂深處，有很多人都無法企及的厚度。

藍領只是白色領子上有汗水而已

從作家變成洗車工，身分的轉換讓我多年來不斷迷惑糾結。終於我從小餅身上學到，所有的身分不過是一個角色，盡力扮演，便沒有人能看輕我們。

小餅第二次離職之後回來找我聊天，告訴我他不想成為自己討厭的那種大人。是哪種大人呢？我沒有開口問，倒是自己在心裡琢磨了起來。會不會是像我這樣的大人，還是不像我這樣的大人？

小餅不是第一次離開店裡了。第一次離開，因為覺得工作找不到方向，對於未來很確定目標的這個孩子，始終朝著當導遊或者領隊這個方向努力。到我這裡來的確只是打工，也是唯一的、每天五點就提早下班去夜間部上課的同事。第一次離開之前，小餅是一個很有性格的孩子。

他報到後第一年過年前的尾牙，他是我這麼多年來第一個拒絕參加的員工。我並沒有因此生氣，而是覷了沒有其他人的空檔，獨自問他不想參加的原因。「以前在加油站打工，覺得尾牙這種事情很煩，不想參加。」小餅很簡單地說了理由，我明白事情可能更複雜一些，但也只是跟他分析尾牙的目的在於一整年的辛苦之後，同事之間維繫感情，並且讓身為老闆的我好好犒賞一下辛苦的同事們。好說歹說之後，總算還是參加了。

沒多久之後，他離職了，我一如往常大概詢問了一下原因，沒有挽留。店長跟我說，小餅去麥當勞打工。「很棒啊，聽說都可以吃免費的漢堡。」我說。

但小餅後來跟我說，其實沒有免費的漢堡可以吃，還是要花錢的。這孩子從高中就開始半工半讀，說起來慚愧，比求學時代的我辛苦多了。有目標的他，洗車工不過只是人生旅途中某個掙得生活費的站牌，一旦過站了想必頭也不回地揮手離開。

然而過了沒多久，頂多兩三個月，店長一早看著我，有點猶豫又有點興奮地問我，小餅想要回來工作，徵求我的同意。「當然可以啊，為什麼不行？」我說，「但是他不是在麥當勞做得好好的，為什麼要回來，這裡應該比較辛苦吧？」

「我也不知道，等他回來再問他吧。」

後來小餅說，相較於洗車工，麥當勞的工作確實體力負荷上沒有那麼強，工作內容也可以學習到不少時間管理，但是有一個重點他無法習慣。「同事之間很表面，工作起來很僵硬，找不到在這邊工作那種同甘共苦的感覺。」他說。

「你白痴嗎？」我笑了，「那是因為這邊苦啊。」好好的麥當勞吹冷氣不做，跑來當藍領勞工？真是傻了還是太浪漫？

小餅說，藍色很漂亮，沒有什麼不好。

我說也對，你就當作我們是白領，只是流汗多了，領子顏色深了，看起來像藍色，好不好？

「老闆，如果再讓你選擇一次，你還會開洗車場嗎？」他問我。我看了看這間陪了我十年的店，有些地方都因為潮濕年久，稍嫌破舊，笑了笑：「我應該跟你說，打死也不要。但是事實上，我覺得當洗車工很好。」

我想，小餅大概就是喜歡這種大家聚在一起辛苦的感覺吧。我也喜歡。

後來報到了一個新同仁，年紀大我一歲，在旁邊的科技園區工作了十五年，前陣子被資遣，所以找到我們這個工作。報到第一天，我看著一臉斯文戴著眼鏡的他，有點試探性地問他：「我們這個工作很辛苦，體力負荷很大，你確定可以嗎？」

「沒問題，我以前在產線擔任班長，很多辛苦的狀況我都嘗試過，老闆相信我，我覺得我可以的。」他堅毅的表情讓我覺得很感動。沒想到第一天上班，這個新同伴就氣呼呼地進來休息室跟我說，他覺得店長太過分了。

「我就在旁邊蹲著洗輪圈，他要噴去柏油的藥水也不先說，一陣風過來，直接撲到我的臉上，那個藥水有毒的，而且很嗆，我現在鼻子眼睛都超難受，我覺得他太不尊重人了！」

隨後走進來的小餅對我聳肩，表示一籌莫展。我代替店長跟他道歉，並且告訴他，我們這個工作經常會遇到這種狀況，而施工的時候有任何問題，都需要當下溝通，我相信店長不是故意的。氣呼呼的他聽不下去，但還是接受了我的道歉。

那一天店裡的氣氛很乾，即便洗車場裡到處都是水，也阻止不了這種乾。店長那邊我完全沒有過問，因為這種狀況，身為洗車工的我們天天都遇到，有時候走過洗車區，同事剛好沖車，照頭照臉水就噴過來，經常我們頭別過去，雙手在臉上隨便抹一把，事情繼續做。對於我們來說，生活也許很多可以追求的，但工作的時候沒有那麼多講究，坐在辦公室的人有他們辛苦的地方，而勞力工作的我們，也有我們要習慣的地方。

小餅私下告訴我，新同事對店長很不滿，非常不滿。總是會說起自己過去在大公司當班長，下面管了很多員工，不像店長那樣處理事情。小餅說，聽起來很厲害，想深入聊聊跟他學習，聽了半天卻又不知道他在說些什麼。

「老闆，會不會是我年紀不到，閱歷不夠所以才無法理解？」小餅問我。

「不盡然，應該說每種工作的細節不同吧。」我說。

最後這位新同事，一個月不到的時間，精準一點說，半個月都不到的時間就跟我提離職。而我也非常樂意但不能表現出來地同意了他的請求。

這個我連名字都來不及記下的新同仁離開後，小餅語重心長地跟我說，老闆，當作業員真的很慘，做了十幾年，公司訂單有問題就第一時間被裁掉，而且還被強迫簽下自願離職書。我搖搖頭，至少這幾年他的薪資還算不錯，放假也夠多，應該有一筆小積蓄。

「但是到他那個年紀失業，工作應該超難找的吧？不然也不會找到我們這裡來。想起來都覺得可怕。」小餅說。

找到我們這裡來？是啊。一般人怎麼可能會找到我們這裡來呢？作業員的工作本來也是這個社會很重要的一個拼圖，只是對於大公司來說，這個拼圖是隨時可以被取代的，而且你年資高，薪資高，把你趕走了，找年輕的進來更省錢。這樣的無限循環，雙手一攤，沒有人能找到解決的方法。

「唯一的方法就是，讓自己有一技之長，或者有無法被取代的能力與價值。」我說：「年輕人，一定要記得這件事，讓自己無可取代，記住了。」

我是會被取代的嗎？洗車業是門檻很低的行業，基本上只要能把車子洗乾淨，在最低限度要求就滿足了。路上沒有兩條街就有一間洗車場，那麼誰是不可取代的呢？我跟小餅說完之後，自己也心虛了。但由於洗車場無限循環的重複以及忙碌，我很快就忘了思考取代與否的問題，一直到小餅大學要畢業了，跟我提離職，準備好好念書考導遊證照的時候，我才又想起「取代」這件事。

這次換成我問小餅了。你覺得，老闆開的這間店，是不能被取代的嗎？尤其現在新的洗車場那麼多，各種噱頭都有。小餅嘟起有點胖胖的臉，笑著對我說：「對於信任我們的客人來說，我們當然是不可取代的。我覺得更重要的是，老闆你這種奇怪的做事方式才是真的不能取代。沒有一個洗車場老闆像你一樣一下子要週休二日，一下子要我們跟你談薪水，一下子規定二二八一定要放假，元旦當天也要讓大家睡晚一點。我同學也在洗車場工作，他超羨慕我們的，只是我們太遠了，不然他就來面試了。」

小餅笑著跟我說，我用袖子把額頭的汗水擦掉，也笑了。

「考試好好準備，之後要當王牌導遊，怎麼樣也比當我們這種藍領勞工好多了。」我開玩笑說，「到時候希望餅哥有機會可以提拔我們。」

「老闆，不要一直說自己是藍領勞工啦，我們是技術很好的店，是客人來拜託我們把他們的愛車處理好。事實上我們是體力比較辛苦的高技術人員，或者說身體比較強壯的技術人員，哈哈哈哈哈。」

我跟著笑，但心裡卻大大地、用力地點頭。

二十出頭的年輕人，在要離職之前給我這個老闆好好上了一課。

我們只是汗水比較多的白領，只有不看輕自己，才能在這個齒輪上好好運轉。而這麼多年，

因為從作家變成洗車工的身分轉換，讓我不斷地在這上頭迷惑打轉，最終發現，所有的身分不過就是一個角色。角色也許不容易換，但如果努力扮演，沒有人能看輕我們，除了我們自己。

洗車工的祕密花園

汽車美容叫做「Car Detailing」而不是「Car Washing」。所有大家認為不值錢的工，因為我們懂得處理，而且動手處理，所以向您收費。

歡迎光臨洗車工的祕密花園！

洗車工的知識財與技術財

打蠟鍍膜篇

隔壁是水果攤，生意很好，好得讓人驚訝。從原先的一個店面，到後期擴展成四個店面，老闆的經營真的讓人嘆服。因為往來的客人多了，偶爾也會發生一些小事故。曾經一次發生汽車從路邊轉出來，機車閃避不及撞上了。側邊一條不算短的傷痕，在淺色車上特別明顯。

客人開車繞過來，我摸了摸。「處理傷痕五百塊。」我說。「這麼便宜嗎？那你幫我處理一下，謝謝。」

車身上的傷痕是一種悖論，通常洗車場可以處理的，客人會覺得要烤漆；客人覺得要烤漆，往往是我們可以處理的。那條傷痕很明顯就是摩托車殼上的漆因為摩擦黏到汽車上，看起來很嚴重，但對於我們來說，挺簡單的。

拿除漆藥水來回擦拭，沒有除漆藥水，用松香水或者俗稱「信拿」的香蕉水都可以，只是這些藥水比較利，擦完之後車漆的金油層會霧霧的，需要簡單拋光。店長處理完之後，因為速度太快了，怕客人覺得我們騙錢，還意思意思拿拋光機打了幾下，五百塊，謝謝光臨，有問題再跟我們說。

「不過就是擦一擦而已，也要五百塊？」有些客人會這麼說，「啊粗蠟打一打不就好了？」說得沒錯，但你自己動手用藥水去擦，手很有可能會因為藥水爛掉。粗蠟給你，你拿機器打，車漆可能一下子就壞光光，比原本沒處理更慘。況且粗蠟番號很小，粗得不得了，即使打過去看起來油油的很漂亮，沒多久退蠟了，那一整塊都會毫無光澤傷痕一堆，繞了半天你還是得回頭找專業店家處理。

這就是洗車工的知識財與技術財，因為我們懂得處理，而且「動手」處理，所以跟您收費。在國外，只要讓別人動手，工錢都是很可觀的，也就是為何歐美國家那麼多人會在自己車庫換機油的原因，因為簡單的換油在國外，工資都比機油還要高許多。然而台灣並不重視技術產業，這個產業在普遍認知裡就是「慘業」，所有的工都是「啊你就順便幫我弄這個、幫我弄那個」，工不值錢，值錢的是這些客人的方便。可惜，現在依舊如此。

什麼是工錢？曾經有一次我的洗車機不管怎麼按，水槍都噴不出水來。最後請廠商過來緊急維修，查看了半天，最後廠商伸出手，把水龍頭打開。原來是新進員工不知道水龍頭不必關，而我們這些老師傅，怎麼想也沒往那邊想去。機器沒壞，打開水龍頭就好。這樣出車一趟，八百。我們同為技術產業，明白人家出來一趟也要油錢，也要時間成本。對方堅持不收，讓我請他一杯無糖綠茶就好。當然我還是付錢了，從此記得，忘記打開水龍頭要八百塊新台幣，最近幾年漲價為一千塊。

你可能會說，不過我看網路，很多教自己打蠟的，感覺很容易啊？首先，我來解釋什麼是蠟。蠟是一種油性的溶劑，多半是矽油（矽利康）成分的混合物，為了讓車子快速提升亮度，除了給你油，很多蠟品會內含研磨顆粒，在塗抹或者機器上蠟的時候，清潔切削車子的表面。

車子的烤漆大致上分成很多層，而帶來亮度的那一層就是最表面的清漆層，台灣俗稱金油。金油是有一定厚度的，依照車款的不同，歐洲車會比較厚一些，日本車美國車會稍微薄一些。多半介於一根頭髮左右的厚度，太厚以樹脂為原料的漆面就會有結構問題，容易出現肉眼難見的細微裂痕，看起來就會霧霧的。所以追求厚度並不是真理。

而所有油性的東西都是溶劑，都會有輕微的腐蝕性。就像廚房流理台如果有油汙，久了之後會咬著表面。所以盡可能要選擇不含油性的產品，於是很多取代蠟品的新產品就出現了。接著，更好的蠟叫做「棕櫚蠟」，比較不油，但是亮度、與漆面附著的效果（持久性）都更好。於是，因為台灣店家做生意說話不打草稿的特性，出現了很多「五倍純蠟」、「七倍純蠟」，標榜高達百分之七十的棕櫚成分。

然而當我去查了資料，並且親口詢問日本研發部門才知道，棕櫚蠟中的棕櫚，比例最高就是百分之七。研發人員拿出提煉的棕櫚成品給我看，像筷子一樣，硬硬的一條一條，告訴我這種東西成分比例過高，根本無法塗抹在車漆上。於是身為一個汽車美容老闆，就得不斷地跟「只要你沒有七倍的蠟，你就是弱」這種錯誤的欺騙式行銷手法對抗。

鍍膜也一樣。鍍膜並不是真的一層玻璃覆蓋在車漆表面，而是滲透進去清漆層的毛孔，抓附在毛孔內，於車漆表面形成僅僅一層薄薄的膜。因為有一定的密度，所以不管上幾層，能抓附的密度就是那樣，多餘的也得擦去。接著又開始「老闆你們家的鍍膜幾層啊？」「那一家鍍膜比你們便宜，而且上五層」之類的，不管怎麼解釋因為密度相同，上一百層也是只有那一層能夠附著，客人還是覺得你沒有五層，就是比較差。

經歷了一場混戰，包括設備大戰、產品噱頭大戰，最後裝潢大戰之後，我發現最終一錘定音的，是施工品質，以及解決客人問題的能力。吸內裝的時候，記得吸前座要把椅子移到最後，吸後座的時候要移到前面。而隨著椅子的移動，很多太久沒有清潔的車子，會有灰塵髒汙從椅墊的最下方跌落地毯，全車吸塵完畢，記得回來檢查。

客人雨刷水總是噴不到擋風玻璃，可以拿一根別針幫客人調整噴水角度；雨刷如果跳動嚴重，要幫忙檢查玻璃是否油膜太多，雨刷是否石墨層不足需要幫忙補強，甚至是因為風吹日晒雨刷膠條變形，建議客人更換。

必須要先擁有這些解決問題的方法，然後妥善地處理。這也是為何汽車美容叫做「Car Detailing」而不是「Car Washing」的原因。雖然在台灣，大家還是叫這裡洗車場，叫我洗車工。

洗車篇

如果沒有室內停車場，車子長期在室外風吹日晒雨淋導致全車都是嚴重水痕，應該怎麼處理呢？這也是北部洗車場最常遇到的狀況。車漆上一般洗車洗不掉的水痕水斑，輕微的可以拋光去除，太嚴重的、咬到清漆層（金油）下方的，就只剩下烤漆處理這個方法。坊間喜歡用的水砂紙、粗蠟去除水斑都是嚴重破壞的方式，處理完整台車也變成花貓，去除乾淨了清漆層大概也所剩無幾，車身沒有光澤，不如烤漆。這也是客人認知裡面，對車子需要美容與烤漆的巨大落差所在。

而在玻璃上的比較好處理，玻璃的密度較高，表面孔隙比較小，不太會有真正「咬進去」的狀況。只要準備一把刮刀，換上新的刀片，玻璃保持濕潤，刀片以約三十度慢慢刮除就可以。這需要大量的工時，刀面移動必須平穩，否則仍有刮傷玻璃的可能性。遇到玻璃上面有一點一點的飛漆，也可以用這種方式去除。注意，非專業人員請勿在家自行嘗試。江湖一點訣，說破沒價值。剩下的就是體力的勞動以及全神貫注，切莫心急，因為施工這種事情，一旦心急反而後續得花更多時間來彌補，得不償失。

玻璃一直都是完工後客人一上車成果最明顯的部分，有任何髒汙疏漏，客人車子一開出去就會發現。而擦玻璃一直是衡量一個汽車美容師傅的標竿：玻璃擦得好，代表施工的準確度到達一定標準。

玻璃要怎麼擦才會乾淨呢？說穿了，超級簡單，就是不能只相信眼睛。這種做事方式跟我店裡要求的擦地板很像，不管地板上哪裡有殘留水痕，照著順序一條一條擦過，無論如何都會乾淨。

擦拭車內玻璃，首先要手把布抓好，避免擦拭過程中手碰到玻璃。手上面有油脂，碰到了會有痕跡，擦了也是白擦。抓布的方法是捏著折起來的四個角，避免布的毛邊不夠平整，擦拭不精準。其中一面噴玻璃清潔液，其實就是含有微量酒精、微量香料的水（加入酒精是為了使液體快速揮發）。接著，不要相信你的眼睛，整塊玻璃照著順序，從上到下，由左至右全部擦拭過，翻到乾燥的背面再擦一次，通常就會乾淨了。天氣潮濕的時候不要仰頭擦拭，鼻子、嘴巴噴出的熱空氣會導致玻璃起霧，愈擦愈髒。

車外玻璃除了前面提到的水痕必須特別處理，大致上與車內玻璃一樣。特別不同的，是車外玻璃經常會有滴落物，如樹汁、蜜蜂大便、鳥大便等等。洗車工至少必須留一點拇指的指甲，遇到頑固黏著的東西，拇指垂直於表面，來回輕輕摳除。這點也需要技術，沒有經驗的師傅在車漆上摳除異物的時候，會造成表面刮傷。在玻璃上則沒有表面刮傷的問題，玻璃硬，光憑指甲不會造成什麼傷害。而車漆上的樹汁、蜜蜂大便，甚至是最常遇到的，禮車被環保鞭炮染色的問題，就必須讓客人車子多晒太陽。

有過衣服晒在外面忘記收，發現衣服褪色的經驗吧？太陽其實比下雨對車子傷害更大，是車漆以及內裝氧化最大的元兇。但太陽卻也在很多時候對車漆（或者汽車美容）帶來一些幫助，如加速產品硬化，或者讓染色的髒汙淡化。

我曾經思考過，一個人如果擦玻璃擦到爐火純青，能幹些什麼才好呢？大樓玻璃清潔工嗎？洗車場專業玻璃清潔員呢？我想，他應該去擦路上所有的功德鏡，用我所說的功夫，一次又一次將所有功德鏡擦乾淨。一開始為了讓所有用路人更加安全，不知不覺間，在擦鏡子的過程學習到了武功，笑傲江湖，成為武林第一高手。要成為武林第一高手必有一個響亮的稱號，如「東邪西毒」一樣。就稱呼他為「擦鏡的人」吧。因為不管你鏡子擦得再好，在這個社會還是一個差勁的人，因為賺不了多少錢，因為這個技術不值錢。

擦鏡子、擦玻璃不就一件小事嗎？怎麼可能會累呢？事實上，一天如果擦很多車子的玻璃，那也是很累人的。尤其車內玻璃有時候角度很小，特別是前後擋風玻璃，必須整個人扭曲歪斜，把手盡可能伸進去那個夾縫，手會很痠，腰也會很痠。洗車工這個勞力輸出的工作，特別需要理解小肌群的運用。

施力的時候必須盡量放鬆，藉由慣性去來回摩擦，而不是下死力氣。記得不要聳肩，不要咬牙切齒。愈是放鬆愈好。就像洗輪圈的時候，因為輪圈造型百百種，很多時候骨爪很細，手持海綿沒辦法洗得乾淨，這時拿起毛刷，輕輕地來回刷動就可以。身體愈緊繃，施工就愈疲累。好像人生一樣，你愈是平常心放鬆地去面對，往往可以事半功倍。

有一陣子店裡流行起健身。每個同仁蹲下去上輪胎油，會採取最完美的深蹲姿勢，這姿勢其實會讓動作變慢，畢竟我們最習慣也最快的蹲下姿勢，是膝蓋直接前彎。而深蹲姿勢則不是，是髖關節啟動，整個人像坐下去一樣。這樣的姿勢施工包含清洗鋁圈、上輪胎油、擦拭車身、清潔內裝，一整天下來大腿以及屁股會很痠，但膝蓋的疼痛卻會降低相當相當多。

而我們在對車子拋光的時候，為了避免身體以及機器碰到車漆帶來傷痕，通常都會將身體拱起來，這個時候就是訓練核心肌群的好時機。在不懂核心訓練的時候，彎著腰拱著身體，都會對腰部帶來很大的負擔。正確的方式，其實是肚子用力鼓起，就像腹式呼吸的吸氣一樣。肚子用力繃緊，腰部就會得到解放。

雖然一開始速度會慢很多，但熟練了以後，對於身體的傷害降低許多。很難想像，一個洗車工的日常，可以藏有如此多的新鮮事，我們往往就是在這些不斷反覆的無聊日常當中，搜尋一些好玩的、有趣的遊戲。誰的工作不無聊，在無聊當中找到樂趣，也是我們的驕傲。或許有一天，我會開一個「洗車健身班」，讓那些喜歡自己的車又想運動的人，自己過來體驗一邊洗車一邊運用正確姿勢運動的好處，說不定會是產業轉型的最完美一步！

能開的超跑，我都開過了

市面上的車款那麼多種，大多數車種我們都碰過。國產車、進口車、跑車，甚至是貨車。早年很多車子怕被偷，經常會裝一種叫做「暗鎖」的配備，而每個暗鎖都不一樣，普遍來說都在幾個地方。方向盤下方，左手摸著右手點火，車子就能發動了；或者是電動窗的其中一個開關，按下去同時發動汽車。這麼多年遇過最誇張的，要左手分別摸著左下角拉開引擎蓋的位置，右手摸一下駕駛座右邊大腿側，才能發動。

如果客人事先沒有告知暗鎖的解開方式，遇到要移車的時候就是兩手一攤，一籌莫展。這幾年車子多半配備晶片鎖，暗鎖這種機械式、依靠電路短路來避免汽車發動的傳統設計也漸漸消失，算是時代的眼淚其中一滴。

同樣也是時代的眼淚的，還有手排車。現在市面上的手排車愈來愈少，除了貨車以外，多半都是一些性能車。性能車因為講求速度以及效率，相較之下「哭拉幾」，也就是離合器都會很重。要從店外移入店內，那個小斜坡往往很吃技術。尤其改裝過後的「哭拉幾」行程會很短，一個不小心過了接合點，車子就會熄火。由於是倒退上坡的狀態，熄火後車子就會往前下滑，手忙腳亂之下特別危險。

身為洗車場老闆，如果在移手排車的時候熄火，那可是很丟臉的，所以就算是離合器比較正常的車，我也會以最安全的方式，拉著手剎車移入店內，左腳也會特別小心放掉離合器，保證每次下車都是帥氣無比。

這十年來我總共熄火超過五次，看起來不是很帥氣，下車時面對員工不敢笑的表情總是遮臉快速跑開。

移車的時候最怕的就是超跑。超跑因為馬力極大，扭力驚人，油門稍微輕踩可能沒反應，但是踩深一點點，車子就暴衝。尤其早期很多車主對員工不放心，移車都堅持要老闆親自處理，可以說這輩子能夠開過的超跑我都開過了，算是另類的老闆福利。

最遠的一次從台北東區開高速公路回林口店裡，價值超過一千七百萬的藍寶堅尼小牛跑車。在路上停等紅燈，總會有機車騎士拿起手機拍照。那一秒鐘我才明白，原來超跑不是開快的，是開等紅燈的。紅燈等待的時候才是超跑價值的展現，而綠燈起步時油門一踩，方向盤抓緊，那或者渾厚或者尖銳的排氣聲浪，引起路人側目的時候，突然有種開洗車場也能不虛此生的感受。

這幾年碰過的超跑車主多了，有時候也看著他們的轉變。有的超跑客人一開始只是玩個性能轎跑車，慢慢地升級。有的則是永遠在找自己最喜歡的那台車，最高紀錄一台保時捷開了兩桶油就賣掉，現賠一百多萬。有的則是有錢到頂點，為了找尋一起玩車一起開車的夥伴，甚至可以將自己另外一台跑車先借給朋友，讓朋友可以跟著他清晨一起到北宜公路享受開車的樂趣。

也有與我想法類似的超跑客人，開超跑只為了紅燈，平常時候車速最快也不會超快一百二十公里。這個客人車庫裡面所有車子的價錢，加起來超過一億。

接觸這麼多有本事的客人，對於這些平常人可能路上都遇不到幾次的車，我們卻熟悉該怎麼打開油箱蓋、打開引擎蓋、打開敞篷。有時候比車主都還要熟悉，經常可以告訴車主一些功能怎麼設定。也因此我們特別容易從這些社會頂峰人士，俗稱「天空人」的客人身上歸納出一些特點。

那個陳大哥是傳統產業的，說話的感覺就像慈祥的醫生，結果跑車一台一台換。這個斯文得像大學教授的雨哥，開跑車來鍍膜，有時候都覺得可惜，每次幫他弄得那麼漂亮，也不知道他會開多久，說不定三個月後又開一台新車過來預約，便宜了下一任車主。那個做印刷機的老董，臭屁得要死，可是聊起天來發現人其實很好，什麼東西都懂一些，事業投資也是各種各樣，甚至租了個廠房就為了放自己所有的車子。

藉由聊天的過程也能稍微理解，這些天空人在工作上的祕辛。好像大學教授的雨哥，雖然是接手家裡的產業，但是不墨守成規，跑去學了最新的技術，自己繪圖，因此接到很多新的訂單，讓家裡的產業更上一層樓。也因此不讓公司的老員工覺得，小老闆就是什麼都不懂，只懂得享受。

我們這個階級的人總是一邊羨慕有錢人，一邊仇恨有錢人。對於經常可以接觸到這些人的我們來說，往往可以從光鮮亮麗的背後，發覺他們的辛苦以及壓力。那麼有錢的他們都願意去學習新的技術、新的知識，沒有那種背景的我們，只停留在仇恨以及羨慕，似乎遠遠不夠。

此後，請叫我「汽車美容技師」

當然也會有非常頤指氣使的客人，根據我的統計，這樣的客人多半不是什麼社會地位非常高的人。台灣人喜歡日本式的服務品質，可是自己卻無法達到日本式客人的消費態度。所以服務業流傳著一句話，台灣多刁民，簡稱台灣鯛。

最早我總會被這些俗稱奧客的人氣得半死，隨著時間過去，見過的人多了，也就沒什麼好氣的了。那些生氣的時間很不值得，反正那樣的客人，以後也不會是我們的客人，與其在他們身上浪費時間，不如花更多時間去服務信任我們的車主。

人生沒有二分法，但做事可以有二分法，洗車工也可以。值得的客人，與不值得的客人。然而唯一不變的是，不管這客人值得與否，只要踏進我們的店門口，就得拿出最好的態度面對。對我們客氣且信任的客人，會讓我們心裡暖暖的，而大呼小叫、買一百要你送五十然後嫌棄得什麼都不好的，會讓我們覺得挫折，而且是無法反擊的挫折。

廉價的並不是不尊重我們的人。而是連我們都覺得自己不值得被尊重，那是最可悲的。所以我一定上班才換上制服，下班將制服脫掉，換上乾淨的衣服回家。即使中間要出店買東西、繳費，也提醒自己一定要將手洗乾淨，衣服換掉。洗車工的工作充滿汗水，與所有勞力工作相同，但是這個工作多了水，汗水與水接觸過後，那個味道真的非常不好聞。

如果不想讓路人或者便利商店的店員白眼，這一點非常重要。要出門之前或者下班之前，一定要換衣服以及洗手。洗手必須使用黑手膏，黑手膏是一種帶著很粗很粗顆粒的洗手乳，以摩擦的方式將指甲隙縫的髒汙磨除。由於洗車使用的藥水多半都有腐蝕性，不是強酸鹼就是油性溶劑，手本來就非常容易破皮潰爛，一整天洗車下來，如果經驗不足，特別容易破皮。這個時候還用黑手膏去摩擦患部，三秒之內讓你看見上帝阿拉以及佛祖。所以我特別找了一款有保濕潤滑成分的黑手膏，洗完之後有潤滑的效果，但是指甲邊的傷口總是好了又傷、傷了又好，沒有雨過天晴的時候。像極了愛情。

為了這個，我曾經買了醫療用的矽膠手套，試圖避免反覆的傷害。有一回過年前特別忙，我戴上手套施工，恰好遇到一台車子的引擎蓋挺桿故障，沒辦法支撐，我拿了一把雨傘撐著引擎蓋，不料手套很滑，接觸的感受不如赤手空拳，不小心碰到了雨傘，引擎蓋整個砸下來，虎口以及食指指節當場腫得跟麵龜一樣。

而洗車的時候最怕的就是車牌，有時候速度加快，手滑過車牌邊緣立刻見血，手套也會跟著劃破。每天與這些傷口為伍，加上肌肉痠痛與渾身臭味，我自己都不好意思去便利商店遞錢給店員。

對於這樣的自己我感到羞愧，每回下班後員工聚餐，看著同事們換衣服的模樣，我才明白我們的被尊重有時候在於尊重自己。這條路上我與骯髒為伍，久了之後也覺得自己變化很大。記得有一年普渡，在門口燒金紙，燒完之後滿地的殘骸，澆水降溫後必須收拾妥當。看著身為股東的學弟拿著掃把慢慢掃啊掃，我便蹲下身去，一把抓起金紙的殘骸，扔進垃圾袋。在以往，我不可能去抓柏油馬路上那麼髒的東西，但我已經是洗車工了，怎麼髒的東西我都碰過，內裝有客人小孩吐了、咖啡打翻晒了好多天的、輪胎不知道壓過什麼東西的……

除此之外我也學會了把事情做完，這是在一次又一次的施工當中訓練出來的習慣：既然做了就做好，否則就不必開始。在家整理東西也是，洗碗的時候也會順便把廚房清潔乾淨，因為這就是我的日常，清潔我在行。若連日常的清潔我都無法盡善盡美，將愧對我這麼多年的洗車工經驗。

雖然經常因為我們的工作被輕視，但如果不努力去「不被輕視」，只會大聲嚷嚷，怨天尤人，連我都輕視我自己。此後，請叫我「汽車美容技師」，不是洗車工。希望在這間店壽命完結之前，能達成這個願望吧。

十年

回頭看看這家店，擁有的都是一些離去的人，留到最後的只剩下我。和一些「奇怪的東西」跑進來……

十年了。有一天晚上店長不在，我一個人顧店。回家的時候拖著一身的疲憊，把車停在門口發動著，聽著鐵門降落的刺耳「吱嘎」聲，我突然感嘆了起來。可惜這鐵皮屋不會說話，我很想問它，這樣待在這裡好多年，會不會覺得我每天在它肚子裡用風槍吹車子的聲音很吵呢？或者這關門開門的吱嘎聲就是它罵的三字經？

關上鐵門，設好保全。我看著鐵門上的油漆彩繪發呆。鐵門上頭漆著品牌的LOGO，還有店名以及營業時間、聯絡電話。

這油漆的工人是大哥介紹的，從士林過來，臉上的皺紋可以夾死鴿子。價格便宜到不行，騎著一台很舊的野狼打檔車，車子後座綁著一座木質馬椅。大腿兩旁是一罐一罐的油漆桶以及工具，整台機車就是行動辦公室，總讓我聯想起小時候父親騎著野狼，載一家五口一起回鄉下的樣子。兩個姊姊被媽媽夾在父親背後，我總是坐在野狼最前面，有油箱蓋的那個地方，父親一面騎車，我一面東按按、西按按，好像自己是操縱百變金剛的戰士，這樣一路我都會很安靜地沉醉在只有我自己的世界。

後來父親買了速利三〇三手排車，我喜歡坐在車上，繫好安全帶（當年沒有兒童座椅的概念），在高速公路上看著車子，喊著車子的品牌，父親會說我很厲害。我喜歡被狹小空間包圍的感覺，國小時候忘了帶課本，老師會讓我們跟同學一起看，我特別喜歡三、四個人窩在一起，我要當被夾在中間的那一個。也許是太喜歡了，我經常故意忘記帶課本，老師生氣了，寫聯絡簿告訴媽媽。媽媽跟老師說，我從小就喜歡窩在小地方，有一次自己穿了雨鞋，假裝是太空戰士，躲在不算很大的紙箱裡面。媽媽找了我一個下午，差點兒沒報警。

假裝太空戰士的事情我倒是忘了，但喜歡窩在一個小地方的個性沒有變，狹窄的地方讓我擁有安全感。而這個鐵皮屋，太大了。沒有車的時候，說話會有回音。所以下大雨沒車的時候，我說話會很輕、很輕。很怕吵醒了這個鐵皮屋，它就會像個龐然大物吞噬掉我。

母親說我從小是個安靜的孩子，不太吵鬧，不太說話。有一年新年去觀音廟拜拜，回家的路上我看見賣玩具的攤子，便停了下來看著我最喜歡的金剛戰士。母親催促我回家，我也不吵鬧，就安靜地蹲在那裡看金剛戰士，沒有動手觸摸玩具也沒有出聲音。好像自己也是地攤上的一尊玩具一樣，執拗而無聲。如同鐵門上的彩繪，安靜待在那裡，不吵鬧也不離開。那種堅持如同我待在這個六十坪大的鐵皮屋，安靜地躲在這裡當個洗車工。或者也像現在妄圖寫下一些文字，被現實拖著離開「作家」這個身分，還固執地硬伸出一隻腳，在被拖走的過程努力伸長啊伸長，要去搆那寫作的地盤。

後來父親說，這邊太貴，我帶你去其他地方買。我才願意站起身回家。父親沒有騙我，他帶我去桃園大廟附近的玩具店，買了那個金剛戰士給我。

「好貴，要一千多塊。」父親跟我說，「你要好好愛惜。」

後來那個玩具，在一次惹怒父親之後，被他親手扭斷扔到垃圾桶。晚上大家都睡了，我偷偷爬起來翻開垃圾袋，對著玩具哭。金剛戰士被分屍的時候我沒哭，被丟進垃圾桶我沒哭。我喜歡等到一個人的時候，才對著垃圾袋裡面的殘骸哭。

油漆工人第一次來估價的時候，我給他看了我們的LOGO，他隨即拿著鉛筆就在鐵門上簡單餐。

畫了起來，那個圓真的是我這輩子看過最圓的。好像電腦畫的一樣，簡單幾筆鉛筆畫，讓本來的構想圖有了原形。隔天下著雨，他來油漆，我們則在鐵門內油漆牆面。他的是畫作，我們的只是顏色。晚餐時間我敲了敲鐵門，一樣吵死人的「吱嘎」聲中，我問他要不要吃晚餐。

吃飯的時候他爬進來（鐵門漆到一半不能全開）蹲在鐵門邊，離我們遠遠的，捧著我們買的便當吃。而不管我們怎麼揪，他也不願意跟我們一起坐，連飲料都不好意思喝。

完成了以後，我們關上鐵門，看著他的畫作，如同現在一樣，安靜地。上面的營業時間，早就更改了，店裡的電話也換過了。那時油漆工人綁好工具，架上他的馬椅，跟我們道謝。因為他的馬椅比較小，鐵門很高，我們還去找了高一點的鐵製馬椅給他。為了這個，他堅持退我們五百塊，我給拒絕了。

他的畫作才是真正陪這個鐵皮屋十年的，我相信如果他知道，我堅持了十年沒有改過他的作品，應該會有一點點感動。

隔天我問店長，有沒有注意過門上的彩繪，店長搖頭。它在那裡太久了，久到成為了空氣的一部分，容易被人忽略。我告訴店長，這個油漆工阿伯，可是看著我們的圖，就可以畫出完全一樣的、放大好多倍的彩繪，好像傳統電影看板的畫師一樣猛。

「靠北，難怪常常有客人說我們晚開店，上面營業時間根本是錯的。」店長說。

「你不覺得可以直接畫出這麼大片圖案很厲害嗎？」我說。

「很厲害啊。」店長說，「找時間把鐵門的電話改掉。啊！營業時間也改回來好了。」我看著他，笑了。最後，鐵門上面的錯誤還是留著，沒有更正。

我很害怕自己就像鐵門上的電話一樣，錯了卻還是依然在那邊，天天提醒所有路過的人，這裡有錯誤的聯絡電話喔。對了，營業時間也不對，如果你八點來，得等半個小時我們才會開門。

離開的人不會管這麼多，電話錯了與他們無關，營業時間錯了也與他們無關。總之這間店所有一切都與他們再也無關。回頭看看這家店，擁有的都是一些離去的人，留到最後的只剩下我，還有我原本不是很看好，卻愈來愈厲害，一直陪我到現在的店長。為了跟店長表達我的敬意，我跟他說了一件過去發生的事。

這間店經常會有奇怪的東西跑進來，下雨天的大水蟲或者飛進來吃大水蟲的燕子就不說了，曾經有蜥蜴爬進來，很大隻的那種。隔壁養的流浪貓會跑進來抓老鼠，這也不是什麼大事。有一次跑進來一隻年輕的柴犬，怎麼趕都趕不出去，就賴在店裡趴著發呆。身上有項圈，很乾淨，應該是走丟的柴犬。

我沒有拿東西給牠吃，怕牠吃了之後就不走了。狗與人不同，人吃了東西，會往下一個目的地找更好吃的東西。狗很單純，這裡有吃的，就待在這裡。我蹲在牠前面，沒有敢摸牠。摸狗跟替狗取名字是一樣的，一旦摸了就會產生感情，產生了感情就很難分開，而最終如果分開了，心裡會難受。但是這種難受說出來很矯情，說了狗也不相信：怎麼可能，你就摸了我一下，這狗生我被摸了無數下，沒看見誰因此難過的。

蹲著看牠，有一瞬間很想馴服牠，讓牠成為我的狗。但我知道不可以，牠是有主人的，我只是洗車工，不是牠的主人。萬一主人來要回去，我就支離破碎了。我一直跟牠說，出去吧，回家去，主人找你呢。這柴犬歪著頭，也不知道聽懂了沒，伸個懶腰，總算走出去了。我總時不時溜出休息室往外看，偶爾會看見牠靈快的腳步從店門口經過，看見我了，就會停下來盯著我，想進來卻又不敢。偶爾繞回來，在門口歪著頭偷看我，我對牠揮手，趕快回去吧，你主人肯定急壞了。

就這樣牠來來回回，來來回回。吃過午餐之後，我有點心神不寧，試圖走出門口看看那隻柴犬，卻再也沒找著牠。

等到我聽見緊急剎車的尖銳聲音，以及一聲才發出來就戛然而止的叫聲，我慌張地用手刀跑的方式跑出門口，一台藍色的貨車揚長而去，那可愛的柴犬倒在中央分隔島的旁邊。我攔住過往的車，往牠身邊走去，看起來就像睡著一樣，躺在那裡，一樣歪著頭。

車子從我旁邊呼嘯過去的喇叭聲，夾帶著三字經。我蹲在牠旁邊，已經沒有呼吸的身體好像跟原本沒有兩樣，腳有點髒髒的，不知道剛剛去哪裡玩兒了。

「老闆，車很多，在這邊很危險。」員工在我後頭幫我擋車，一邊說。

「牠是不是死掉了？」我問。

「應該死掉了吧。」他說。

「牠剛剛跑去哪裡啊？我想找牠沒找到。」

員工聳肩。

我對那柴犬說，你就這樣死掉，你的主人會難過死了。你怎麼不回家呢？

柴犬再也沒回答我的話，員工看著我，像看白痴一樣。我讓員工跟我一起，把牠的身體搬到分隔島的樹旁邊，沒有搬回店裡。我怕牠太喜歡這家店，賴著不走了，變成一隻洗車柴犬。這樣很累的，我明白。所以不想牠跟我一樣。

聯絡了殯葬公司，讓他們過來處理。車子停在內車道，我在旁邊看著他們盡責地念經，並且承諾我會幫牠找適合的塔位。

「你要隨便幫牠取個名字嗎？塔位沒名字很可憐。」殯葬公司的人說。

「我不知道牠名字。」

「隨便取一個吧。」

「不行。」

要用布將牠的身體包起來之前，我讓他們暫停一下，走上前去。路旁的車子因為需要繞道而行，速度比較慢，還會探出頭來看究竟發生什麼事。我看著牠的身體，很想知道牠的靈魂去哪裡玩了，是在旁邊看我呢，還是在我的店門口探頭探腦，想進來又不敢？

我摸了牠一下。

然後跟牠說再見。

「柴犬算是奇怪的東西嗎？」聽完這個故事，店長微微皺眉問我。

「不是，你才是奇怪的東西。」我說，「而且沒有跑。」

我伸出手摸了店長的頭，被他用三字經問候。

尾聲

文物修復，或者任何一種修復的技術與過程，都仰賴每日不懈怠的身體勞動。因為那不是一種理論或者學說，而是用知識、經驗與技巧，滲透到記憶裡的專業。

——義大利硬石修復學院，加斯通．托涅悉尼

不斷回憶過去那些洗車的人、洗車的事的過程中，我好像重新活了一次。但不知道為什麼，可能大腦對於回憶這個功能有點不聽使喚，我總會想到洗車以前的一些事。

二〇〇五年，我收到一個網站的邀請，寫下了所謂的時光膠囊。膠囊的期效是十年。前陣子我花了很多時間去回想，那個膠囊中我究竟寫下了什麼，我實在想不起來。

十年後，我成為了一個洗車工。真要說起來那個膠囊的內容也不重要了，我再也不能回到〇五年的當初，告訴自己這一切的變化多麼荒謬，多麼可笑卻又多麼珍貴。

我希望那個膠囊的最後，我會祝自己問心無愧、祝自己一路向前。

也希望那個網站最終想起這個活動，讓我能夠放下心中的疑惑。如同我不停地爬梳著這幾年

的一切一樣，活回去成為洗車工的那一秒鐘，看見那些陪著我走過這段魔幻歷程的人們，重新跟著他們一起成長。

我總是認為書寫是最隱密的事，把作者本人帶入作品過多，是一種對於創作的示弱。所以這麼多年來，我從來不願意將變成洗車工的一切好好記錄下來。那也許是一種自欺欺人，只要沒有留下任何證據，我就不會是那個洗車工，我還是原本的我。而原本的我是什麼樣的呢？洗車這麼多年，我又變成什麼模樣呢？

說來有趣，這個作品會誕生，是因為當時女友不停地鼓勵，讓我投稿文學獎。從來不曾嘗試過文學獎的我，不斷拒絕，不斷駁回這個建議。於是這個念頭也就被擱著了，僅開了一個空白的文件檔在電腦桌面。後來女友憂鬱症發作，在我的疏忽之下用藥過度進了急診，我一邊照顧她，同時還得兼顧店裡的狀況，身心俱疲，甚至連說好的員工尾牙都忘記了，讓自己的員工在預訂的餐廳門口等候不到我，一直到撥了電話給我，我才想起。

這麼多年了，我還是沒有學會怎麼當一個好老闆。

女友逐漸康復的過程，有意無意地告訴我，如果我能試著把文章寫完投稿，她真的會很開心。於是我在每一個下班回家、臭烘烘的夜裡，寫下了參賽的作品。甚至連什麼是年金類都不知道，寄出稿件的時候，甚至懷疑地問女友，我難道不是參加小說組嗎？

但是那都不重要了。那幾個晚上她昏昏沉沉，我埋頭寫稿子。然後看著她將自己從床上拉起，幫我整理稿件，兩人牽著手去鄰近的便利商店將稿件寄出，那是好幾日來她第一次出門。

慢慢修復，慢慢修復。小說類年金類都好。

她能回來，就好。

最終我磕磕絆絆地整理，又跛腳拐手地寫到這裡。說來好玩，店長跟我說，也許是老天爺怕我抓不到寫作的感受，偏偏在截稿前一個月，我又陷入了缺人手的窘境。車子一多，我在施工區當個快樂的洗車夥伴，傍晚休息時間，逮到一點機會就窩進休息室悶著頭寫。如此兩頭燒，竟然從當中獲得了一種樂趣。寫作就該是這樣，該是你就算精疲力盡，也要逮到時間去寫的那種激動。

我發覺寫的都是一些離去的事，而總是寫著分離太悲傷了。想寫點兒有趣的，才發現洗車工這個工作真是不有趣。很多人被我遺忘了，很多人沒有寫到。而更多的人，是我真的不願意寫出來。不管這些人這些事多麼平凡或者精彩，我願留下一點作夢的空間，保留一些變成大人以後，應該有的空白。

寫了太多離去的人，總覺得是自己被遺棄了。被這些人遺棄，也被這個社會遺棄。如果總是留不住人，那麼肯定是我自己有了問題；但我竭盡全力去改正那些過去的失誤、提高了洗車工的生活，還是留不住人，那到底是什麼問題？是這個社會對於勞力工作者或者技術人員太過苛刻嗎？我不知道，即使寫到最後，我還是不知道。

但我開心的是，從作家變成洗車工，也許身分不同，也許很難受到重視。但我們是這個社會底層的一塊小磚，這些事情，總要有人願意做。有我們這些人，社會的底座才會穩。

洗車人家究竟是什麼？

還記得故事最後的那隻柴犬嗎？很多年之後的現在，店裡又來了一隻柴犬，從很遠的地方回來。這次我摸了摸她，而且不再讓她走。

我想，這就是洗車人家。

【推薦文】

給洗車人生

◎大師兄

「大師兄，有位作家敷米漿要出新書了！想邀請您看看書稿，看能不能寫推薦序，你知道敷米漿嗎？他以前是很紅的網路小說作家呢！」在電腦前的我收到這個邀約，先是一驚，因為這是我聽過的名字，再來是感到十分開心，因為沒有閱讀習慣的我，最近累積閱讀的方式，就是透過替人寫序這件事情。

看這本書之前，我看了一下他之前的作品，嗯，一看書名就知道是愛情小說，所以看到《洗車人家》這書名，很明顯地，肯定是一段愛與洗車的故事吧！

結果，書上我沒看到愛情，卻看到人生。

那天我跟立青有個活動，就是要去和敷米漿做個對談，我很開心也很期待，因為看完書之後，我想看看他是個什麼樣的人。我們相約在他的洗車場，一進去就看到很多洗車工人，跟一個帥氣、看起來就是老闆的年輕人，跟我做了一個九十度的大鞠躬，「你好你好，歡迎來到我的洗車場！」

我非常訝異，這就是傳說中年少就出了那麼多本書，然後還是走偶像派的一位作家嗎？

在我面前的這個親切的年輕人（原諒我叫他年輕人，因為大我五歲的他看起來比我年輕太多了），在閒聊的過程中，還有舉手投足間，都散發出一種跟我很對味的味道，就是做工的味道。

他跟我不太一樣，我從以前就是個所謂的底層，做的是勞力活，領的是最低薪，一步一步慢慢往前走。出書對我來說根本是沒想過的事情，所以能成為作家真的是再意外不過，而他卻是從作家變成洗車師傅。我沒有瞧不起洗車師傅的意思，但是別人對這種職業轉變所投射的目光，一定會不一樣。

為什麼我這樣說？因為我也經歷過向別人介紹自己的時候，說出我是殯儀館接體的，跟說我是寫書的，得到的目光完全不一樣。所以看到書中所寫的，以前總是低著頭看人，跟現在的總是抬著頭看人，我的感覺十分深刻。

我不禁想起某次去接一個燒炭的作家回殯儀館休息，那一個場景：一間套房裡，門窗緊閉著，一個中年人躺在椅子上，地上滿是酒瓶，以及一些被撕碎的書本。旁邊一個炭盆，裡面是被燒光的木炭，往生者身上沒有任何現金，只有一張張信用卡。當警察打電話給家屬的時候，家屬的回覆是：「這個人跟我們沒關係，他出去做他的夢，我們不認識他。」旁邊倒楣的房東只知道他是個作家，「作家不是很厲害嗎？怎麼會做出這種事情？」

曾經我也覺得作家這個職業似乎高高在上，似乎遙不可及，等到我接過這個大哥，跟自己也當上作家後，才知道「作家」兩個字的可怕。那種被重視的感覺，似乎跟毒品一樣會讓人上癮。擁有這個稱謂的時候，讓人飄飄欲仙，而失去的時候，會讓人很恐慌。所以書中雖然泰宇很多時候只用幾句文字帶過這種心情，但我知道這感覺真的不好受。

我很喜歡泰宇的文字。其實我不常說這種話，或許是我從來沒看過愛情小說吧，有時候他的文字會輕輕勾起心裡的變化。很難形容那種感覺，簡單的幾句話，放在白紙上某些位置，就能讓正在閱讀的我感到深深的惆悵，感到絲絲的無奈。我想，這就是所謂的功力吧!!書中很多地方，我讀了都有一種很想學起來的感覺，也有一種「啊，原來這才是所謂作家的文字力量呀！」的感覺，讓人看得欲罷不能。洗車人家的人生故事，真的很精彩。所謂隔行如隔山，工作內容不一樣，扮演的身分不一樣，遇到的人不一樣，得到的收穫也不一樣。就如書中所說，其實不用田野調查，只要早點開一家洗車場，就可以得到很多故事。

底層生活確實是如此，滿滿的都是故事。

當我讀到阿愷這個人的時候，其實我滿感慨的，當身分從哥兒們變成老闆跟雇主的時候，很多事情都會變調。不管是還在一起工作，或者已經分道揚鑣，最初那份友誼還會回來嗎？

當我讀到〈從廢墟說起〉那篇的時候，回想起自己當年開雞排攤時，老媽默默地幫我找食材，每天拿著竹籤，慢慢地幫我把要賣給客人的東西一一串起來。當時我也覺得自己很沒用，只是一頭熱地想開一家店，開了店之後，才知道原來自己被家人保護得太好了，最後還是要靠家人那雙無形的手在自己的背後支撐著。

當我讀到大哥的時候，我想起我第一份工作的老闆。當我讀到一號仔的時候，我想起當年遇到的更生人。當我讀到……

書裡每一篇故事，我都可以對照自己在底層工作那麼多年的時間，找出類似的人，勾起心中的回憶。或許底層生活就是這樣，大家都有大家的故事，但是大家只有一個目標，就是活下去。

看完《洗車人家》這十年的故事，有種說不出的惆悵，卻又有著前進的力量。因為，這就是人生呀！

【推薦文】

內心戲

◎林立青

第一次走進泰宇的店裡，我看到的是三個穿著制服的年輕人走來，對我說明牆上壓克力的各種價目，針對我的車況給出建議，並且評估起需要多久時間施工。牆上工具整齊有序，地面則是乾淨清爽。三個小時以後，店長在我面前打開引擎蓋，一一說明今天做的內裝清潔順序：清潔過的引擎是塑料保養，踏墊清洗及吸塵，汽車內裝的皮革乳，施工前拍照並依據照片將物品復位。最後帶我看車上刮痕的處理情況，在淡淡的清潔劑氣味中表示或許下次可以做其他項目，「刮痕應該可以再淡一點。」付錢以後，泰宇才認出我來，笑著對店長們說：「你們看他的書，不知道他就是林立青喔！」於是我們上演了一場討價還價戲碼：他堅持要退錢給「作家朋友」，我堅持這是工錢死也不收，店長及店員們則尷尬卻笑著拿著錢，站在一邊。後來以友情價打折，等於送了汽車前擋玻璃撥水，這讓我很想再去一次。

現在的洗車行必須擁有技術來維繫營運，同時兼顧人情讓客人願意再次上門。這個行業的獨特性在於，為每一台車細心整理的人，未必能夠坐在車上享受別人羨嘆的眼神。過去人們說「為人作嫁衣裳」，現在該換「為人名車鍍膜」，洗車的師傅們用技術專業，讓車主享受派頭氣勢。

在多雨多塵的台灣，不管是多麼昂貴的名車，只要十天半個月沒人照顧，都會變得灰頭土臉，唯有在專業師傅的細心照顧下，能夠長時間保持車面光亮，定時送到專業的汽車美容店裡維護，才能夠保持汽車的價值。這時候，洗車店必須適時地對客戶友善，互相對話交心，分享各種不同的資訊來讓客戶感覺到汽車被重視並且懂其價值，才有再次上門的機會。

這些是怎麼做到的？不同的車主有不同的性格，開不同車的人也各自有適當的價位和產品。名車有雜誌每天寫，跑車有新聞媒體追，洗車行的師傅呢？那似乎是一個很難踏入的世界。可想而知，平日應該有著各種聲音出現：拋光機的聲音，空氣壓縮機的聲音，吸塵的聲音，高壓水柱的聲音，工作時的背景音樂……更重要的是，洗車人的心聲。

這不是記者採訪可得，也不是在網路留言板靠北洗車可以說清楚的。要能夠記錄下洗車行的人們來去原因，必須要在現場親身參與，所幸我們有姜泰宇這樣的作家，他筆觸溫暖，觀察銳利，更重要的是他自己洗車十年，每一個洗車師傅在面對車輛、面對顧客及老闆時的態度，已經成為他生活的一部分。那些自信及感傷來自親身經驗，屬於勞工的內心糾結和那些針對老闆的試探讓他難以忘卻，有加班到深夜的革命兄弟情誼，有習慣性遲到的生活態度，有誇大不實以掩飾自卑的洪聲，也有各種令人感到無奈的離開。

這是本書的一個特色，勞動為主的產業其實存在著許多的「潛規則」，有時老闆強勢主導，有時訂定了規範卻不斷被挑戰。各種探索出來的行為主導了整個工作環境，例如音樂音響、播放的歌單，還有吃飯的時間、休息的順序等。特別的是，這些互動多半一開始並非白紙黑字寫成，而是在相處中摸索出來：諸如工具設備及材料訂購的方式，囤貨的技巧，工作順序，不同師傅之間為了在一成不變的工作環境中製造樂趣、提升效率的比拚技術，甚至於那種帶著打破規定的特權。

我習慣稱呼這種內心世界的互動糾結為「內心戲」。這來自於人際關係中不想講破卻慢慢摸索出來的試水溫，可能是遲到對老闆的試探，叫便當的權力在誰手上，飲料涼水該由誰來付費，有沒有尊敬前輩的先來後到，甚至跟老闆借錢的名目，能借多少，都顯示出了「我在團隊中的地位」，事後可以拿來說嘴或者是比較。

這些潛規則有時候能幫助團隊度過難關，也可能互相傷害。摸索出來的潛規則其實有著內心世界的期待，管理者面對這種狀況若是加強規範，可能會讓這些師傅們感到「沒面子」、「被針對」、「下不了台」，如果放任不管，則可能出現霸凌現象或者倚老賣老，最終傷害整個工作團隊。

為了能夠持續經營下去，有些人建立制度，例如禁止遲到，客戶給的錢要立刻收好，刷卡以後要按下刷卡機的結帳按鈕，這些看上去是基本的習慣和作業流程，在工作的當下卻最容易被忽略。泰宇的為難在此：他用兄弟的角色提醒時，對方可能愛面子裝沒事；以老闆身分去做這些事則會傷害感情。技術工作看重的除了專業能力的表現以外，也需要和第一線的工作者建立良好關係，花時間經營並且互相溝通。像是他率先提出週休二日後，卻發現師傅們根本無處可去，甚至表示輪休會讓人力更少、更忙不過來。堅持公休兩天也引來師傅們的質疑：這樣會賺錢嗎？會不會反而讓人們以為我們沒有打算認真經營？直到過了一段時間以後，師傅們才慢慢發現身體變好了，感冒變少，工作也比較不起衝突。

說到底，這是一本洗車行的書，但同時更是一本職場之書。這裡沒有法規和各種專業術語，只有人與人聚在一起工作，在理想和情誼中努力求取平衡的故事。建立規矩和制度是必然也是無奈，為了走得更遠，也為了問心無愧。面對員工如此，面對顧客也是如此：客戶的車被撞了，應該如何處理；遇到惡意前來勒索或公審造謠，好在有整套完整的攝影機能夠保護自己。

讀這本書時，我認為這是一本適合給所有人看的書。姜泰宇寫下這本書，帶我們從汽車美容店的門口走進每個角落，走進洗車工的生活、心裡，看見掙扎、猶豫以及那些內心戲。

這是一本職場紀錄，這裡沒有幻想出來的好老闆和慣老闆，沒有不離不棄的員工，沒有幻想中的美好同事，只有一幕幕的內心戲。只有真實世界裡，洗車行在背景音樂的工作中，努力求取平衡的人間面貌。

國家圖書館預行編目資料

洗車人家/姜泰宇著. -- 初版. -- 臺北市 : 寶瓶文化事業股份有限公司, 2020.12
面 ; 公分. -- (Vision ; 204)
ISBN 978-986-406-207-2(平裝)
1.社會互動 2.社會心理學

541.6 109017450

Vision 204

洗車人家

作者／姜泰宇

發行人／張寶琴
社長兼總編輯／朱亞君
副總編輯／張純玲
資深編輯／丁慧瑋
編輯／林婕伃
美術主編／林慧雯
校對／林婕伃・陳佩伶・劉素芬・姜泰宇
營銷部主任／林歆婕　業務專員／林裕翔　企劃專員／李祉萱
財務／莊玉萍
出版者／寶瓶文化事業股份有限公司
地址／台北市110信義區基隆路一段180號8樓
電話／(02)27494988　傳真／(02)27495072
郵政劃撥／19446403　寶瓶文化事業股份有限公司
印刷廠／世和印製企業有限公司
總經銷／大和書報圖書股份有限公司　電話／(02)89902588
地址／新北市新莊區五工五路2號　傳真／(02)22997900
E-mail／aquarius@udngroup.com

法律顧問／理律法律事務所陳長文律師、蔣大中律師
如有破損或裝訂錯誤，請寄回本公司更換
著作完成日期／二〇二〇年
初版一刷日期／二〇二〇年十二月三日
初版五刷+日期／二〇二三年四月二十七日
ISBN／978-986-406-207-2
定價／三三〇元

AQUARIUS 寶瓶 文化事業

愛書人卡

感謝您熱心的為我們填寫，

對您的意見，我們會認真的加以參考，

希望寶瓶文化推出的每一本書，都能得到您的肯定與永遠的支持。

系列：Vision 204　書名：洗車人家

1. 姓名：＿＿＿＿＿＿＿＿＿＿　性別：□男　□女

2. 生日：＿＿＿年＿＿＿月＿＿＿日

3. 教育程度：□大學以上　□大學　□專科　□高中、高職　□高中職以下

4. 職業：＿＿＿＿＿＿＿＿

5. 聯絡地址：＿＿＿＿＿＿＿＿＿＿＿＿＿＿＿＿＿＿＿＿＿＿＿＿

聯絡電話：＿＿＿＿＿＿＿＿＿＿　手機：＿＿＿＿＿＿＿＿＿＿

6. E-mail信箱：＿＿＿＿＿＿＿＿＿＿＿＿＿＿＿＿＿＿

□同意　□不同意　免費獲得寶瓶文化叢書訊息

7. 購買日期：＿＿＿年＿＿＿月＿＿＿日

8. 您得知本書的管道：□報紙／雜誌　□電視／電台　□親友介紹　□逛書店　□網路　□傳單／海報　□廣告　□其他

9. 您在哪裡買到本書：□書店，店名＿＿＿＿＿＿　□劃撥　□現場活動　□贈書　□網路購書，網站名稱：＿＿＿＿＿＿＿　□其他＿＿＿＿＿＿

10. 對本書的建議：（請填代號　1. 滿意　2. 尚可　3. 再改進，請提供意見）

內容：＿＿＿＿＿＿＿＿＿＿＿＿＿＿

封面：＿＿＿＿＿＿＿＿＿＿＿＿＿＿

編排：＿＿＿＿＿＿＿＿＿＿＿＿＿＿

其他：＿＿＿＿＿＿＿＿＿＿＿＿＿＿

綜合意見：＿＿＿＿＿＿＿＿＿＿＿＿＿＿＿＿＿＿＿＿＿＿＿＿＿＿＿＿＿＿

11. 希望我們未來出版哪一類的書籍：＿＿＿＿＿＿＿＿＿＿＿＿＿＿＿＿＿＿

讓文字與書寫的聲音大鳴大放

寶瓶文化事業股份有限公司

（請沿此虛線剪下）

廣　告　回　函
北區郵政管理局登記
證北台字15345號
免貼郵票

寶瓶文化事業股份有限公司　收

110台北市信義區基隆路一段180號8樓

8F,180 KEELUNG RD.,SEC.1,

TAIPEI.(110)TAIWAN R.O.C.

（請沿虛線對折後寄回，或傳真至02-27495072。謝謝）